연봉의 비밀

Special Thanks To

이 책의 집필에 도움을 주신 분들에게
진심으로 감사 드립니다.

서구식세무회계사무소 세무사 서구식 | 이태석 현대건설 상무 | 정정욱 LG그룹 부장 | 최영창 현대건설
팀장 | 박성진 현대엠코 팀장 | 최철욱 포스코엔지니어링 차장 | 최민철 포스코건설 과장 | 민대원 대우건
설 대리 | 이진숙 플라잉피그 이사 | 오치화 금융산업노동조합 부장 | 안은영 신한은행 자산관리솔루션
부 팀장 | 박미경 하나은행 강남PB센터 PB부장 | 박동업 국민은행 여신기획부 팀장 | 이정걸 국민은행
WM사업부 재테크팀장 | 이정훈 우리은행 분당정자지점 PB팀장 | 김종구 알리안츠생명 WM센터 부장 |
손현상 기업은행 홍보부장 | 김상길 한화생명 홍보부장 | 한제희 LIG손해보험 홍보부장 | 김승만 전국은
행연합회 상무 | 오미영 주택금융공사 홍보팀장

그리고…
삼성전자 | 현대자동차 | 현대모비스 | LG전자 | 삼성SDI | LG디스플레이 | 기아자동차 | 삼성중공업 | 현
대중공업 | 현대미포조선 | 두산중공업 | 대우인터내셔널 | 현대건설 | 삼성물산 | 대우건설 | 대림산업 |
포스코건설 | GS건설 | 삼성엔지니어링 | GS칼텍스 | 현대오일뱅크 | POSCO | 호텔롯데 | 제일기획 | 현
대위아 | 현대제철 | 현대엠코 | 현대로템 | 현대하이스코 | 국민은행 | 우리은행 | 신한은행 | 하나은행 |
외환은행 | 기업은행 | 농협은행 | 삼성생명 | 교보생명 | 한화생명 | 삼성화재 | 동부화재 | 현대해상 | LIG
손해보험 | 메리츠화재 | 삼성증권 | 현대증권 | 한국투자증권 | 우리투자증권 | 대우증권 | 미래에셋증권 |
HMC투자증권 | KB투자증권 | NH농협증권 | KTB투자증권 | 메리츠종금증권 | 한국거래소 | 현대카드 |
신한생명 | 알리안츠생명 | 경남기업 | 재벌닷컴(www.chaebul.com) | 페이오픈(www.payopen.co.kr)

당신의 능력과 성과를 속이는

연봉의 비밀

윤선희 지음

한스미디어

주는 대로 받는 연봉
vs
당당하게 쟁취하는 연봉

66

죽을 만큼 일하는데 왜 일한 만큼 연봉은 안 오르지?

나는 정말 내 능력만큼의 정당한 연봉을 받고 있는 걸까?

나보다 성과는 훨씬 적어보이는 옆 부서의 팀장은

왜 나보다 많은 연봉을 받는 것일까?

99

2014년을 살아가는 대한민국 직장인이라면 누구나 한번쯤은 해보았을법한 생각이다. 그러나 회사 안에서 연봉에 대한 이야기는 쉽게 꺼내서는 안 되는 일종의 불문율에 가깝다. 집안에 숟가락이 몇 개 있는지까지 알고 있는 같은 부서 입사 동기라 할지라도 연봉이야기는 철저하게 비밀에 부쳐진다. 연차가 비슷한 동료가 나보다 훨씬 많은 연봉을 받는다는 사실을 알게 되면 어찌할 수 없는 경계심과 질투가 일어나고 일할 의욕마저 꺾이는 게 인지상정이기 때문이다. 직급은 똑같은 팀장이지만 유학을 다녀온 옆 부서 팀장의 연봉이 입사 때부터 훨씬 높거나, 작년 한 해 괄목할 만한 좋은 성과를 거뒀음에도 연봉 인상폭은 성과가 저조한 다른 동료와 비슷한 상황도 흔히 경험하게 된다.

어디 이뿐인가. 언젠가는 회사가 알아주겠거니 하는 생각으로 야근을 밥 먹듯이 하면서 머슴처럼 일하고도 이런저런 눈치 때문에 야근 수당도 챙기지 못했지만, 이듬해 연봉은 쥐꼬리만큼 올려주고 원하는 부서로의 이동도 굉 구워먹은 소식이다. 승진 인사에서 혼자 물 먹기라도 한다면 가슴 속 꼭꼭 숨겨놓은 사표 제출 본능이 불끈 솟아오른다.

누구나 일한 만큼 혹은 일에 따른 성과에 맞게 적절한 보상이 주어지는 공정한fair 연봉 시스템이 있다면 그렇게 큰 불만을 느끼지는 않을 것이다. 그러나 대다수 직장인은 자신이 받는 보상이 일한 성과와 정비례해 책정되지 않는다는 것을 사회 초년 시절에 깨닫게 된다. 이는 기업마다 공정하고 철저한 평가체계를 갖추지 못한데다 연봉책정 시스템 자체가 주먹구구식이기 때문이다. 설사 평가 시스템이 있다 하더라도 실제 근로자 개개인의 연봉책정 때는 다른 변수가 더 큰 영향을 미치기 마련이다. 더구나 경영자는 최소 비용으로 최대 노동력을 끌어내는 것을 추구하지만, 근로자는 기본적으로 일은 최소화하면서 연봉은 최대로 받는 것을 목표로 하기 때문에 양측의 입장은 극과 극으로 갈린다. 또한 궁극적으로 경영자와 근로자가 갑과 을의 관계인 탓에 직장인이 경영자와 동등한 위치에서 당당하게 협상을 통해 원하는 수준의 연봉을 받아내기란 어려운 게 현실이다.

하지만 대다수의 직장인은 자신의 연봉에 불합리한 점이 있다는 것을 알게 됐다고 해도 퇴근길에 수주 한 잔 기울이며 '뭐 어쩌겠어'라는 생각만 할뿐 연봉에 대한 좀 더 근본적인 생각은 하지 않는다. 그러나 내가 받는 연봉이 과연 정당한지, 다른 이들의 연봉은 어떤지, 좀 더 높은 연봉을 받기 위해서는 어떻게 해야할지 등등 한번쯤은 고민하고 조그마한 해결책이라도 찾아보는 것이 중요하다. 하다 못해 매달 받는 월급명세서의 각종 항목이라도 다시 한 번 뜯어볼 일이다.

이 책은 대다수의 직장인들이 모르고 있는 연봉에 대한 불편한 진실들을 파헤치고, 정당한 보상을 당당하게 요구할 수 있는 노하우를 알려주고자 기획되었다.

'1장'에서는 사장은 알지만 직원들은 모르는 연봉의 구성과 관련 법체계, 호봉제와 차이점, 연봉제 기업에서 노동조합의 역할 등에 대한 비밀을 알려준다.

'2장'에서는 과연 직장인인 내가 회사에서 제대로 대접을 받고 있는지 조목조목 따져본다. 연봉제의 임금인상과 승진제도, 평가방식 등을 알아보고 약자인 구직자의 마음을 교묘하게 이용한 다양한 고용 유형들과 차별 요인 등을 알아본다.

자, 그렇다면 과연 우리나라에서 고액 연봉자가 되려면 어떤 산업, 어떤 기업에 들어가야 할까? '3장'에서는 고액 연봉자들을 거느

린 산업과 기업을 알아보고 은행과 증권사 등 금융권 종사자들의 억대 연봉 수준을 살펴본다. 신도 모르는 고액 연봉을 받는 공기업 직원들, 의사, 변호사, 한의사 등 소위 '사'자 들어가는 직업의 변천사, 잘 나가는 스포츠선수와 연예인들의 양지와 음지 세계도 살펴봤다.

'4장'에서는 직장인의 임금을 경제적인 관점에서 분석했다. 경제성장률 등 경제상황과 장기적으로 성장가능한 기업의 비법, 연봉 높은 기업을 골라내는 방법을 소개한다.

'5장'에서는 직장인이라면 반드시 챙겨야할 수당과 복지, 연말정산, 퇴직금에 대한 내용이 담겨 있다.

'6장'에서는 연봉협상 노하우와 연봉인상의 기술, 이직의 원칙 등 직장인의 자세를 짚어보았다. 더불어 '부록'으로 연령대별 직장인들이 재테크와 가산구성 전략, 꼭 알아둬야 할 대출과 금융 상품 투자법 등을 담았다.

회사는 대부분의 직장인이 하루 24시간 중에서 집보다도 오래 머무는 공간이다. 때문에 직장 내의 환경과 직장에서 만나는 사람들은 내 인생과 일상생활에 결정적인 영향을 미친다.

나 역시 월급쟁이 직장인이다. 기자라는 직업상 많은 직장인들을 만나보면서 늘 함께 고민하고 괴로워하던 주제였기 때문에 집필 제안을 흔쾌히 수락했고 글 쓰는 내내 흥미롭게 작업할 수 있었다. 이 책에서 등장하는 사례들도 주변의 흔한 직장인들의 실제 이야기들이다. 부족하지만 이 책을 통해 그 누구보다 열심히 일하는 직장인들이 일한 만큼 충분한 대접을 받을 수 있는 계기를 얻기 바란다.

서울 종로에서, 윤선희

contents

1장

사장은 알고 직원은 모르는
연봉의 불편한 진실

옆 부서 이 팀장, 성과는 적은데
나보다 연봉이 많은 이유는?

대기업에 다니는 김 팀장은 지난해 4개 팀이 있는 마케팅실에서 가장 우수한 팀별 성적을 올렸다. 밤낮을 가리지 않고 일에 매진해 가장 우수한 성과를 낸 것이다. 연봉협상에서도 이런 성과를 인정받아 남들보다 연봉을 더 올릴 수 있다고 자부했다. 새해에는 더 열심히 일해 회사도, 자신도 원원하겠다는 다부진 목표를 세우고 성과를 올리는 데 집중했다. 그런데 우연히 옆 부서 이 팀장의 연봉을 알게 된 그는 망연자실했다. 성과가 저조하다고 매일 상사한테 깨지고 구박받던 이 팀장의 연봉이 나보다 더 많은 것이다. 도대체 왜 그럴까?

알고 보니 이 기업은 지난해 성과가 부진해도 연봉을 깎지 않는 운영방식으로 연봉을 책정하고 있었다. 때문에 지난해 이 팀장의 성과가 나빴지만, 올해 연봉 수준은 그다지 달라지지 않은 것이다. 이 팀장은 해외 경영대학원MBA 출신으로 입사 때부터 다른 대졸 직원들보다 많은 연봉을 받았다. 그러니 지난해 성과가 나빴다고 하더라도 탁월한 업무 성과를 낸 김 팀장과 연봉 격차는 별로 좁혀지지 않은 것이다.

가지각색, 천차만별 연봉제

연봉제는 운영 방식에 따라 천차만별이다. 올해 성과가 부진해도 내년 연봉을 깎지 않는 회사가 있는가 하면 성과가 부진하면 무조건 깎는 회사가 있다. 매년 좋은 업무 성과를 올리는 직원 입장에서는 성과가 부진하면 연봉을 깎는 방식이 유리하다. 다른 직원들이 깎인 만큼 성과가 좋은 직원한테 더 많은 임금이 돌아가기 때문이다.

그러나 매년 좋은 성과를 낸다는 것이 어디 말처럼 쉬운 일인가. 뿐만 아니라 다음 연도에 좋은 성과를 내지 못하면 내 연봉도 바로 깎인다. 게다가 한 번 줄어든 연봉을 다시 만회하려면 적지 않은 시간이 걸린다는 단점도 있다. 즉 인상폭이 큰 만큼 삭감폭도 크다.

이떤 기업은 전 직원에 대해 직년 기준으로 똑같은 수준의 연봉을 기본(베이스)으로 놓고 개별 협상을 통해 연봉을 차등 책정한다. 이런 방식은 한 번에 연봉을 급격하게 인상하기는 어렵지만, 올해 성과 부진으로 연봉이 깎였더라도 삭감폭이 크지 않아 다음 연도에 회복할 수 있다는 장점이 있다.

그러나 실제 연봉제를 도입한 기업들 중에 올해 성과를 기준으로 다음 해 연봉을 깎거나 인상하는 합리적인 회사는 많지 않다. 상당수 기업이 연봉제와 호봉제를 혼용하면서 갈등과 부작용을 감내하고 있다. 우리나라 기업 대다수가 과도기적 연봉제에 있다고 보면 된다.

둘쭉날쭉하는 연봉, 갈아엎어도 그만?

한 차례 구조조정을 겪은 국내 한 건설사의 예를 들어보자.

2000년 전후 연봉제를 도입한 A건설사는 임금 문제로 이런저런 우여곡절을 겪어야 했다. 연봉제 도입 당시만 해도 1년 치 임금을 12개월로 나눠 지급하면 되겠거니 하고 단순하게 생각했던 게 잘못이었다.

이 회사는 다음 해 연봉을 책정할 때 기본 베이스와 인상 총액을 정해놓고 개별 직원의 직전 연도 성과와 능력을 평가해 S등급부터 4등급까지 총 5단계로 나눠 평가했다. 평가 결과에 따라 인상폭을 반영해 직원 개개인의 연봉을 정했다. 이 회사에서 연봉제는 직원들이 스스로 연봉을 공개하지 않는 문화가 생기면서 순조롭게 정착되는 듯했다.

그런데 몇 년 후 고비를 맞았다. 업계 내 과당 경쟁으로 우수 인재 채용이 쉽지 않자 우수한 인력을 끌어오기 위해 신입사원 연봉을 대폭 인상했다. 건설경기가 호황이던 시절이다 보니 건설사들이 너

도나도 신입사원 채용에 나섰고, 우수 인재를 데려오기 위해 임금을 올리는 수밖에 없었던 것이다.

A건설사는 초임 인상 덕분에 우수 인재를 대거 뽑았으나 생각지 않은 문제에 부닥쳤다. 이제 갓 입사한 신입사원의 연봉이 입사 2~3년차 선배들보다 훨씬 많았던 것이다. 가뜩이나 연봉제를 도입해 같은 연차의 직원 간에도 연봉과 월급이 들쭉날쭉한 상황에서 신입사원 연봉이 더 많다는 사실이 알려지자 기존 직원들이 반발하기 시작했다. 직원 간 화합은 깨지고 일의 효율도 눈에 띄게 떨어지는 현상이 나타났다.

직원들은 회식자리나 식사자리 때마다 연봉 이야기로 알 수 없는 긴장감을 느껴야 했고, 선배가 후배를 따뜻하게 챙겨주는 문화는 점차 사라지고 냉랭한 부서, 팀, 사내 분위기가 조성되기에 이르렀다. "네가 나보다 월급을 많이 받으니 밥은 네가 사라"라든가 "3년이나 더 다닌 사람이 새파랗게 젊은 신입사원보다 연봉이 적다는 게 말이 되냐?"는 등의 항의가 빗발쳤다.

A건설사는 직원 간 연봉이 천차만별로 벌어지고, 심지어 신입사원 연봉이 2~3년차 연봉보다 높아지자 기존 호봉제 임금체계를 기준으로 전 사원의 연봉을 재조정했다.

이미 정해진 연봉을 싹 갈아엎고 새로 정한다는 게 지금으로선 상상하기 어렵다. 하지만 연봉제가 도입된 지 얼마 되지 않은 당시에는 대다수 기업이 기존 호봉제 임금 테이블을 갖고 개별 직원의 연봉을 책정하는 '불완전한 연봉제'를 채택하고 있었기 때문에 가능했던 일이다.

노동자 입장에서 이런 기업의 결정은 불합리할 뿐만 아니라 심지어 소송감이다. 그러나 노동자 신분이라는 을Z의 처지인 직원들로선 불만이 있더라도 꾹 참을 수밖에 없었다.

도대체 연봉제야, 호봉제야?

국내 다른 중견기업의 사례도 이와 비슷하다. 이 기업도 공개채용을 통해 직원을 뽑았다가 2000년대 들어 산업계에 이직이 자유로워지고 경력직 사원 채용이 늘어나자 연봉제를 도입하고 경력사원을 대거 채용했다. 다만, 공개채용으로 입사한 직원에게는 기존 호봉제를, 경력직으로 입사한 직원들에게는 연봉제를 각각 적용해 매년 임금을 책정하는 방식을 택했다.

경력직 입사자들은 들어올 때 협상을 통해 연봉을 정했다. 능력별 차등화 개념의 연봉제와 스카우트 제도를 도입한 만큼 경력직원들은 연차가 비슷하더라도 협상에 따라 얼마든지 더 많은 연봉과 더 높은 연차를 인정받고 입사가 가능했다.

이 기업은 경력사원에 대해 입사 연도의 기본 연봉을 기준으로 매년 전체 임금인상률을 적용해 연봉을 책정했다. 개별 협상을 통해 연봉을 정하거나 등급별로 평가해 차등 연봉을 정하는 방식은 채택하지 않았다.

그런데 문제가 생겼다. 호봉제 직원들은 호봉 승급에 따른 별도의 임금 인상분이 있었다. 자연히 경력직원과 호봉제 직원 간의 임금 격차가 점점 벌어지게 된 것이다. 그러다 보니 몇 년이 흐르자 경력사원 이 씨의 연봉이 입사 당시 같은 연차의 호봉제 직원의 연봉보다 훨씬 적어졌다. 오히려 경력사원 이 씨는 몇 년 아래 연차의 호봉제 직원과 같은 연봉을 받는 처지가 됐다.

게다가 이 기업은 몇 년 뒤 경력직원들이 대거 늘어나 모든 직원을 효율적으로 관리하기 어려워지자 다른 임금 체계를 급조했다. 임금 책정과 승진 등에서 더욱 쉽게 효율적인 관리가 가능하도록 임금수준을 호봉제 기준 아래에서 단순화하기로 했다. 역시 A건설사가 한 것처럼 호봉제 기준을 끌어다가 연봉제를 채택한 경력직원들의 연차와 연봉을 재조정했다.

결과적으로 어떤 경력사원은 입사 당시 5년 차 호봉직원 수준의 연봉을 받기로 합의했음에도 연봉 재조정 후 5년 뒤 연봉 수준은 10년 차가 아닌 8년 차 수준으로 깎이게 됐다. 경력사원들은 당연히 승진에서도 호봉제 직원들보다 뒤처지는 수모를 겪어야 했다. 경력직원 개인마다 입사 당시 협상을 통해 정해진 연봉과 연차 수준을 완전히 무시하고 일괄적으로 호봉제 기준에 끼워 맞춘 것이다. 이렇게 단순하게 전체 지원들이 연봉(초봉)가 연차를 일괄저으로 재조정하다 보니 우스꽝스러운 일이 발생하고 말았다.

대다수 기업은 신입사원 채용 후 군 복무를 마친 군필자 사원에 대해서는 같이 입사한 여성 신입사원보다 좀 더 높은 수준의 연봉을 책정해준다. 그러나 이 회사는 호봉제 기준으로 연봉과 연차를 일괄 재조정하면서 남성 경력직원들에 대해 호봉제 직원들과 같은 군필 특전을 부여하지 않았던 것이다. 그 때문에 남성 경력직원은 입사 당시 같은 연차와 같은 임금 수준의 호봉제 동료보다 심지어 3~4년이 뒤처지는 처우를 받는 상황에 놓였다.

이처럼 황당하고 어처구니없는 일들이 무려 21세기 기업환경에서 비일비재하게 벌어지고 있는 것이다.

연봉은 과연
성과만큼 올라갈까?

대기업에 다니는 김 팀장은 일한 성과만큼 과실을 주지 않는다면 뭐 하러 남들보다 열심히 일하겠느냐고 분개했다. 그럴 바에야 남들처럼 적당히 가방 들고 출근했다가 퇴근한 후 숨어서 일하는 쪽이 낫겠다는 것이다.

중견기업 경력직원 정 씨도 마찬가지다. 지금의 회사로 이직한 후 쌓아온 그간의 성과를 알아주기는커녕 입사 당시 협상과 계약마저 무시한 채 연봉을 재조정한 사실을 알고는 몇 날 며칠 밤잠을 설쳤다.

연봉제는 우리나라에서 일의 성과와 상관없이 똑같은 보수를 지급하는 호봉제를 대체하기 위해 도입된 보수 체계이다. 한해 개인이 달성한 실적을 평가해 연간 임금액을 다르게(차등) 결정하는 성과중심 임금관리제도이며, 임금을 구성하는 항목을 단순화하고 연 단위로 산정해 매달 나눠 지급하는 방식이다.

우리나라에서는 1999년 외환위기 이후 도산 기업들이 생겨나면서 이른바 입사만 하면 정년이 보장되는 '철밥통' 시대가 가고 경쟁 시대로 돌입했다. 대기업도 얼마든지 망할 수 있고, 높은 경쟁률을 뚫고 대기업에 입사했더라도 열심히 일하지 않으면 일자리를 잃을 수 있는 시대가 온 것이다. 이에 따라 기업들이 인건비 등 비용을 최대한 줄이고 업무 효율을 높이려고 기존 연공주의 인사시스템을 버리고 성과중심적인 연봉제를 잇달아 도입했다. '많은 성과를 내면 임금을 더 받을 수 있다'는 동기로 직원들은 열심히 일해 과거보다 높은 성과를 내고 성과에 연동해 고임금을 받을 수 있게 되자 회사는 우수 인재를 확보하기가 쉬워졌다.

연봉제가 대세지만 동전의 양면이 있다

그러나 연봉제는 사측 입장에서나 직원(노동자) 입장에서나 긍정적인 효과만 주는 건 아니다. 연봉제가 도입된 회사는 종업원의 동기유발과 손쉬운 임금관리, 우수한 인재 확보 등 긍정적인 효과를 얻을 수 있지만 회사 내 팀원이나 직원 간 갈등 고조와 위화감 조성 등 부정적인 결과와도 맞닥뜨리게 된다. 직원 입장에서도 열심히 일한만큼 더 많은 성과를 내 보다 높은 연봉을 받을 수 있다는 장점이 있는 반면 연봉이 줄어든 직원도 생길 수 있다.

개인 간, 부서 간 화합이 약화되고 부실한 평가제도와 불공정성으로 직원들의 불만이 증폭되는가 하면 일 처리도 단기성과와 양 중심으로 흐를 수 있다. 노동강도는 세지고 과로 등 업무상 재해도 급증하는 부정적인 효과도 생길 수 있는 것이다. 또 노동조합의 힘은 빠질 수밖에 없고 고용조정에 영향을 미칠 수도 있다. 성과가 지속적으로 나쁜 직원은 연봉이 계속 삭감되고 그러다 보면 '회사를 떠나야 하나?'라는 생각마저 들어 불안감을 느끼게 된다.

이처럼 연봉제는 성과가 좋은 직원이나 그렇지 않은 직원이나 똑같은 보수를 받는 호봉제와는 근본적으로 다르다. 능력주의와 성과주의로 고효율을 기대할 수 있지만 이면에는 조직 내 불협화음을 조장하고 업무의 질을 떨어뜨릴 가능성도 내포하고 있다.

연봉제의 기본원칙은 그 해의 직원 개개인의 업무 성과에 연동해 다음 연도의 연봉이 책정된다는 것이다. 근속연수나 나이에 관계없이 한해 능력과 실적, 공헌도 등을 평가해 이를 기준으로 계약을 맺어 다음해 연봉을 결정한다. 과거에는 임원급이나 영업직 등 단기성과를 평가하기 쉬운 분야에서만 활용됐으나 지금은 일반 직원들에게도 확대 적용되는 추세이다. 기업들이 업무성과를 극대화하고 인건비를 줄이기 위해 연봉제 도입에 적극적으로 나서고 있기 때문이다.

실제로 연봉제를 도입한 회사 직원들은 비교적 느긋한 호봉제 하에서의 직원들에 비해 좀 더 확실한 목표 의식을 갖고 경쟁하게 된다. 따라서 사측은 어느 정도 높은 업무 효율을 기대할 수 있다.

산업계 전반에서는 높은 연봉을 찾아 이직하는 직장인들이 늘어나는 등 고용시장이 유연해지고 성과주의 문화가 자리를 잡아가고 있다. 복잡한 임금구성 항목들이 줄어들어 임금관리가 간소해진 점도 기업들이 연봉제를 도입하는 이유로 꼽는다.

기업 문화가 보수적인 은행 등 금융기관들도 연봉제와 비슷한 성과급제를 대거 도입해 성과에 따라 보수를 차등 지급하고 있다. 성과급제는 연봉 협상을 통해 보수를 정하지 않고 기본급제를 기준으로 하면서 상여금(성과급)을 직원 성과에 따라 차등화하는 것을 말한다. 은행들은 또 맡은 업무가 어려운 업무인지, 단순한 업무인지에 따라서도 보수 수준을 다르게 책정해 지급하는 직무급제도 도입했다.

연봉제 도입 초기인 1996년 1~6% 수준에 불과하던 연봉제와 성과급제 도입 기업은 현재 분야별로 최고 90%가 넘을 정도로 급증했다. 통계청이 상용근로자 50인 이상이며 자본금 3억 원이 넘는 총 1만 2,010개 기업을 대상으로 조사한 〈2012년 기준 기업활동〉 결과를 보면 연봉제를 도입·운영한 기업은 총 73.7%로 나타났다.

금융보험업과 출판영상통신업이 각각 91.2%, 87.3%에 달하고, 전기가스업도 82.0%에 이른다. 성과급을 지급한 기업도 63.8%로 많았다. 또 10개 중 8개 이상 공기업이 연봉제와 성과급제를 운용하고 있는 등 성과주의는 민간 기업과 공기업을 막론하고 대세로 자리 잡고 있다.

정부가 2010년 6월 30일 발표한 연봉제관련 지침을 보면 연봉구조 설계는 기본연봉, 성과연봉, 기타수당(법정수당)으로 보수체계를 단순화하는 것을 골격으로 하고 있다.

기본의 연봉체계는 직급별 호봉·연봉테이블을 아예 폐지하고 평가를 통해 차등 인상하는 방식이다. 수당은 법정수당을 제외한 각종 수당, 급여성 복리후생비 등을 없애는 대신 성과연봉 재원으로 전환하기로 했다. 성과연봉의 비중은 총연봉의 20~30% 이상으로 확대하고 차등폭은 평가에 따라 최고~최저 등급 간 2배 이상 되도록 설계했다.

누적식 연봉제, 임금 격차가 무한대로 벌어져

임금조정방식에서 연봉의 인상은 총 인건비 인상률 범위 내에서 결정하되 기본연봉은 개별 직원의 평가결과가 다음해에 영향을 미치는 '누적식', 성과연봉은 평가결과가 해당 연도에만 영향을 미치는 '비누적식'으로 각각 운영하도록 했다.

보통 연봉의 차등폭은 높은 성과를 낸 직원과 낮은 성과를 낸 직원 간에 단계적으로 20~30% 이상 벌어지도록 했다. 특히 연봉인상률이 누적식으로 운영되는 '누적식' 연봉제를 액면 그대로 적용하면 직원 간 임금 차액은 해가 갈수록 기하급수적으로 커질 수 있다.

이론상 매년 평가를 통해 10%의 인상률을 적용받는 직원과 매년 연봉이 동결되는 직원 간 임금차액은 8년 정도 지나면 두 배 이상 벌어진다. 매달 300만 원씩 연간 총 3,600만 원의 연봉을 받는 3명의 직원이 매년 각각 10%, 5%, 동결 등 임금인상률을 누적적으로 적용했다면 10년 후에 매년 10%씩 임금을 올린 직원은 매월 778만 1,227원을 받게 되고 연 5%씩 인상률을 적용한 직원의 월급은 488만 6,683원이다. 극단적이지만 연봉제 하에서는 매년 좋은 성과를 낸 직원이 해마다 임금인상률 10%를 적용받고, 그렇지 못한 직원은 매년 임금이 동결돼 10년 뒤에는 임금이 배 이상 차이가 날 수가 있는 것이다.

그렇다면 연봉 책정의 기준이 되는 객관적인 평가는 과연 가능할까? 일반적으로 대다수는 인사평가에서 객관성과 공정성만 확보되면 연봉제는 탈 없이 정착될 수 있다고 생각한다. 그러나 실제로 합리적인 평가 제도를 마련했다고 해도 실전에 들어가서는 객관적이면서 공정하게 평가가 이뤄졌다고 보기 힘든 경우가 비일비재하다.

일일 작업량을 기준으로 10개 A점, 9개 B점, 8개 C점을 부여한다고 하자. 그런데 이듬해 모든 노동자가 일일 작업량 10개를 달성했다면 어떻게 평가를 할 것인가? 어차피 평가자체 속성상 점수를 차등화해야 하므로 평가자의 주관적인 평가가 개입해 등급이 결정될 수밖에 없다. 또다시 2년쯤 흐른 뒤 한 직원이 일일 평균작업량 10개를 달성했다 하더라도 12개, 11개를 올린 직원이 있다면 A점을 받을 수 없고 C점을 받게 된다.

결과적으로 연봉 산정을 위한 평가 때 주관적인 평가가 개입할 여지가 많아 객관적인 평가가 쉽지 않다는 것이다. 이는 결과적으로 노동강도를 높이고 노동의 질을 떨어지는 부작용으로 이어질 수 있다.

실제 연봉제를 도입한 기업들 중에 객관적인 연봉산정 시스템을 갖춰놨더라도 인사팀장이나 인사담당 임원의 주관적인 평가와 연봉협상 등으로 이듬해 연봉 수준이 달라지는 사례는 심심치 않게 볼 수 있다.

사장만 아는
조삼모사 연봉전략

국내 모 대기업에 다니는 박 부장은 재작년 한해 그야말로 워커홀릭(일 중독자)이라 불릴 만큼 업무에 몰두했다. 자정 12시 '땡' 하고 퇴근하기가 일쑤였고, 1%라도 더 성과를 내려고 아래 직원들을 닦달했다. 부원들의 불만이 많았지만, 연말 업무평가에서 1등을 하고 나자 박 부장에 대한 원망은 존경으로 바뀌었다. 부원들은 업무성과급에다가 연봉과 직급 인상 등 모든 측면에서 과실을 따갔다.

그러나 정작 일을 진두지휘하면서 팀 전체에 과실을 가져다준 박 부장에게 돌아온 몫은 별로 없었다. 박 부장은 인사팀으로부터 업무성과에 따른 보상이 부원들에게는 돌아가게 돼 있으나 부서장 몫은 없도록 시스템이 돼 있다는 말만 들었다. 연봉협상 때도 압도적인 성과를 낸 박 부장은 20%의 연봉인상을 요구했으나 수용되지 않았다. 연봉인상폭이 최고 14%로 제한돼 있으니 그 이하 수준에 서나 인상이 가능하다는 게 인사팀의 설명이었다.

박 부장은 "연봉제라면 얻은 성과만큼 과실도 얻을 수 있어야 하는 게 아닌가? 동기부여가 되지 않아 일할 맛이 안 난다"고 불만을 토로했다. 그는 남 좋은 일만 한 꼴이 됐다며 인사팀에 평가시스템과 인사정책이 불합리, 불공정하다고 항의했지만 달라지는 건 없었다. 인사담당 임원으로부터 돌아온 답변은 업무성과가 탁월한 것에 대해서 경영진이 알고 있어 승진 등 좋은 일이 곧 있을 테니 일희일비하지 말고 잘 버텨주기 바란다는 당부뿐이었다.

일할 수 있는 힘, 동기부여가 필요하다

이 기업은 왜 이런 시스템을 운영한 것일까?

연봉제는 직원 개인의 성과에 연동해 금전적 보상을 차별해주는 성과급의 한 형태이다. 따라서 연봉제 하에서는 성과를 내도록 하는 '동기Motivation부여'가 핵심이다.

동기부여 이론은 목표달성을 위한 행동을 하도록 자극하는 것을 말한다. 기대이론이나 공정성 이론도 연봉제를 뒷받침한다. 기대이론은 개인이 자신의 노력에 따른 어떤 결과를 기대하며 이를 실현하기 위해 어떤 행동을 선택하는 것을 말하는데, 예를 들어 열심히 일해서 내가 바라는 보상을 더 많이 받게 된다면 개인은 열심히 노력해 일한다는 게 핵심이다.

연봉제 직원들은 긍정적인 가치를 주는 보상이 있어야 일할 동기가 생기는 것인데, 열심히 일한 만큼 더 많은 돈을 받을 수 있다는 것 자체가 동기부여가 되는 것이다. 누구나 일한 만큼 보상을 받는다는 공정성도 확보하면 직원들은 회사 인사시스템에 대해 만족감과 일한 보람을 느끼면서 더 강화를 받아 열심히 일하게 된다. 또 좋은 성과를 내 더 많은 금전적 보상을 받은 직원은 회사에서 인정받고 있다는 생각을 갖게 되므로 심리적으로 더 열심히 일하고자 하는 생각도 하게 된다.

　입사한 지 얼마 안 된 젊은 사원일수록 이런 동기부여에 상당한 영향을 받게 되며 이직의 유혹에서도 벗어나게 된다. 열심히 일해봐야 아무도 알아주지 않고, 성과도 별로 없다면 뼈가 녹도록 열심히 일할 이유가 어디에 있겠는가? 적당히 일하고 남들과 같은 수준의 임금만 받으면 될 것이다.

아랫사람에게 더 큰 보상, 위로 갈수록 짜다

　이런 관점에서 볼 때 박 부장이 다니는 대기업의 전략은 이렇다. 팀원들에게는 성과에 따른 성과급(당근)을 줌으로써 더 일할 수 있는 동기를 유발하지만 몇 년 내 임원 승진을 앞둔 부서장에게는 새로운 동기부여를 위한 별도의 당근을 주지 않아도 스스로 (임원)승진이라는 목표를 향해 열심히 일할 것이므로 부하 직원들처럼 많은 성과급을 주지 않는 것이다.

다른 한 사례를 들어보자. 국내의 한 소기업은 연봉제를 채택하고 있으나, 직원들에게 동기를 부여할 마땅한 수단을 갖추지 못했다. 매년 연봉 인상은 최대 10%까지 가능하다는 기본 원칙을 정해 놓았지만 이듬해 업황과 경영환경 전망이 나쁘면 인상폭을 하향 조정하기도 한다. 소규모 사업장인 이 회사의 인사정책은 고액연봉을 주면서 고급인재를 채용하는 것을 포기하되 적당한 수준의 직원들을 뽑겠다는 것이다. 납품 기일이 정해져 있는 회사 업무의 특성상 직원들은 밤을 새워서라도 일을 한다는 걸 경영진은 알고 있는 것이다. 굳이 직원들에게 동기부여를 하지 않아도 일정 수준 이상의 성과는 나오게 마련이라는 것이다. 이 회사에서 연봉제는 각종 수당을 지급하지 않으면서 단순히 연간 총액을 1/12로 나누는 임금 지급형태일 뿐이다.

칭찬도 힘이 된다, 내적 보상의 비밀

실제 연봉제의 효과가 높은 사업장은 전 세계를 무대로 영업하는 글로벌 기업인 경우가 많다. 고객이나 기술혁신 등에서 경쟁이 치열한 업무환경을 갖추고 있는데, 대체로 이런 환경에서는 직원들의 급여수준도 비교적 높고 경영도 안정적이며 이직과 스카우트 등 인력의 출입도 잦다.

반면 경쟁이 치열하지 않고 시장이 좁은데다 관리자의 능력에 따라 결과가 달라지는 사업장은 연봉제가 큰 효과를 발휘하기 어렵다. 경영도 불안정하고 급여수준도 낮고 인력에 대한 수요도 적어 능력별 대우보다 균등 대우를 하는 호봉제가 좀 더 효과적이다.

일단 연봉제를 도입해 업무효율을 맛 본 경영자라면 연공서열에 가치를 두지 않고 업무성과는 개인의 노력과 결과에 따라 현저하게 차이가 날 수 있다고 믿게 된다. 성과지향적인 직원 입장에서도 열심히 일한 만큼 보상이 돌아와야 한다는 점을 선호할 수 있다.

그러나 직원들의 일할 동기를 이끌어내는 데에는 금전적인 외적 보상만으로는 한계가 있다. 돈(보상)으로는 해결될 수 없는 내적보상도 중요하다. 직원 입장에서 "열심히 일 해야겠다"라는 마음과 자세를 갖도록 하는 건 관리자의 리더십이 큰 몫을 한다. 팀장 등 관리자는 팀원들에게 일할 동기를 갖도록 "잘한다"는 칭찬과 더 잘할 수 있다고 격려하거나 일에 대한 재미와 보람 등 내적보상을 해주어야 한다.

박 부장의 인사담당 임원이 박 부장에게 탁월한 업무성과를 칭찬하고 승진 가능성을 언급한 건 이런 내적보상의 하나라고 할 수 있다. 인사담당자는 직원 개개인의 내적보상을 자극할 수 있도록 직원 개인과 회사의 비전, 목표 등을 제시해줘야 한다. 일할 동기를 갖도록 직급에 맞는 적당한 권한과 책임을 위임해주는 것도 추진 과제 중 하나다.

천차만별 연봉제,
플러스섬과 제로섬

미국식 연봉제는 노동시간 규정이 적용되지 않는 임원이나 전문직, 관리직 등을 대상으로 연간 임금총액을 정한 후 계약을 맺는 게 일반적이다. 영업직 종사자들에게 적합한 체계이다.

그러나 현재 국내에서 연봉제를 채택한 기업 중 상당수는 월 임금 외에 별도의 상여금도 주고 있다. 직원들이 과거 상여금을 받던 문화에 익숙해져 있어 기업들도 사기 진작 차원에서 관행을 포기하지 못하는 것이다. 따라서 대다수 기업은 일급여를 기본연봉으로 하고 능력과 업적에 따른 업적연봉을 상여금(능력급)으로 구성한다. 또한 객관적으로 업적평가를 하기 위해 목표관리제도MBO를 도입해 개인별 능력과 성과를 평가하고 이를 임금 산정에 반영한다. 더불어 개인의 성과만 평가하면 경쟁이 과열되고 팀 화합을 해칠 우려가 있어 팀이나 조직의 업무성과에 대한 평가결과도 연봉책정 때 고려한다.

일반적인 연봉책정의 과정은 이렇다.

A기업의 경우 팀원(직원)이 연초에 업무목표를 정해 팀장과 조율하여 목표를 확정한다. 팀장은 팀원의 목표달성 여부를 관리하고 연말에 업적을 평가해 업적고과표를 만들어 상급 관리자의 평가를 추가로 받아 인사팀에 넘긴다. 인사팀에선 팀장과 상급 임원의 평가 결과를 반영해 최종 연봉책정에 들어간다. 다만, 마지막 단계인 연봉책정은 사측과 직원 개인 간 협상에 따른 방식, 사측의 일방적 결정과 통보 방식, 희망형 방식 등으로 나뉜다.

대체로 우리나라 대기업들은 최종 평가결과를 종합해 연봉을 책정한 뒤 직원에게 통보하는 방식인데, 개인이 이의를 제기할 수 있는 창구를 마련해뒀다. 따라서 연봉제가 효과를 거두려면 인사고과 제도의 신뢰성 확보가 관건이다.

대기업의 인사고과는 업무 성과에 기초한 업적 고과와 책임감·협조성·관리 능력 등 일에 임하는 태도를 평가하는 근무태도 고과, 개인의 잠재적인 능력(지식·기능·판단력·계획력)을 평가하는 능력고과 등으로 이뤄진다. 대다수 기업들은 인사고과가 승진에도 영향을 미치도록 설계된 인사시스템을 도입하고 있다.

업적고과는 S등급과 A·B·C·D등급 등 총 5단계로 나눠 평가해 차별적 보상을 해주는 게 기본이다. 예를 들어 최고등급인 S등급에 평균 임금인상률의 2배를 적용한다고 하자. 연봉 3,000만 원, 평균

인상률이 5%라고 하면 S등급을 받은 사람은 평균등급을 받은 사람보다 연간 150만 원을 더 받게 된다. 이를 월 단위로 나누면 매달 10만 원을 조금 웃도는 금액이어서 별 차이를 느끼지 못한다. 그러나 이런 차이가 몇 년 간 누적된다면 상당한 격차가 발생한다.

연봉제의 다양한 유형

우리나라 기업들이 채택한 연봉제 유형은 성과평가에 따른 임금 구성 비중에 따라 '완전연봉제'와 '순수연봉제'로 구분된다. 완전연봉제는 연봉(연간월지급)과 상여금(평가), 연봉(연간월지급과 고정상여)과 상여금(평가) 등 두 가지 형태가 있다.

순수연봉제는 기본연봉과 업적연봉으로 나뉜다. 업적연봉의 경우 실적에 따라 기본연봉의 일정 수준(%)에서 정해진다. 직원입장에선 기본연봉 비중이 높고 업적연봉 비중이 낮을수록 안정적이다.

임금인상과 삭감의 형태

연봉제는 연봉이 인상과 삭감 여부에 따라 증액형, 무감형, 삭감형 등으로 구분된다.

임금인상방식 중 하나인 증액형 연봉제는 최저연봉 조정액을 지난해와 비교해 깎지 않고 무조건 연봉을 늘리는 방식이다. 무감형 연봉제인 플러스섬plus-sum(한쪽의 이득이 다른 쪽의 이득이 되는 형태) 방식은 잘하는 직원에게 임금을 더 많이 주는 방식이다. 실적이 좋지 않은 직원이라고 해서 이듬해 연봉을 깎지 않는다. 이에 반해 삭감형 연봉제는 성과가 나쁜 부서나 직원의 연봉을 깎는 것으로 제로섬zero-sum(전체 이익이 일정해 한쪽이 득을 보면 다른 한쪽이 손해를 보는 형태) 방식이라고 부른다. 실적이 나쁜 직원의 급여를 줄여서 실적이 좋은 직원에게 나눠주는 방식이다.

연봉제의 운영방식은 누적식과 비누적식으로 나뉜다.

누적식은 올해 연봉평가 결과가 이듬해에도 영향을 미치는 방식이다. 즉 올해 성과의 평가결과가 내년 연봉의 출발점이 된다. 연봉은 기본연봉에 인상률을 곱해 책정되는데, 인상률이 평가결과에 따라 차등화된다. 예컨대 평가 결과에 따라 인상률이 S등급은 10%, 평균인 B등급은 5%, D등급은 0%로 각각 차별화된다. 만약 매년 이런 식으로 연봉 수준이 결정되면 해가 갈수록 같은 해에 입사한 동기라도 연봉의 차이는 계속 벌어질 수 있다.

비누적식은 연봉평가 결과가 그해에만 영향을 주고 이듬해에는 영향을 미치지 않고 똑같이 출발하는 방식이다. 이 때문에 올해 평가결과가 좋지 않더라도 내년에 열심히 노력하면 만회가 가능하다.

종합하면 플러스섬 연봉제는 누적식으로 지난해 연봉이 기준이 된다. 같은 직급의 직원들에게 똑같은 수준의 기본연봉을 주고, 성과에 맞는 보상을 얹어주는 형태이다. 이는 모든 근로자에게 유리한 제도이다.

하지만 제로섬의 연봉은 매년 달라지는 직급의 평균인상률을 기준으로 산정된다. 개인성과에 따른 결과는 성과연봉에만 적용한다. 다시 말해 인상률을 반영한 직급별 기본연봉에, 성과에 따라 조정된 성과연봉을 더한 게 이듬해 연봉이다. 이런 비누적식의 연봉유형은 직급별 호봉제가 일반적인 우리나라나 일본의 기업에만 일부 존재하는 과도기적 연봉형태다.

이외 마이너스섬minus-sum 방식은 연봉이 오른 사람의 인상폭보다 성과가 나쁜 사람의 연봉 삭감폭이 훨씬 큰 방식이다.

두산그룹은 1993~1994년 당시 임원과 일반 직원에게 차례로 연봉제를 도입하면서 연공급 체계도 유지하는 방식을 택했다. 제로섬 방식을 실시하되 직원의 반발을 최소화하려고 아무리 성과가 저조한 부서와 직원이라도 임금을 깎지 않았다. 직원들을 위축시키지 않으면서 추가 재원을 마련해 성과가 좋은 직원에게 더 많이 보상해줬다. 호봉제의 향수가 남아있는 한국식 연봉제다.

하지만 삼성그룹식 연봉제는 철저한 성과평가에 따른 임금산정을 기본으로 하고 있다. 성과가 많은 직원과 성과가 저조한 직원 간 차이가 극명하게 드러난다. 성과가 나쁜 직원의 임금을 떼어내 좋은 성과를 낸 직원에게 더 많은 보상을 주는 방식이다.

삼성은 학력과 성차별, 연공서열을 철폐하는 대신 연봉제와 성과에 따른 인센티브제를 도입했다. 지난 2002년부터 일반 직원들에게 지급되는 초과이익분배금ps은 최고 연봉의 50%에 달한다.

실제로는 무늬만 연봉제가 주류

일단 기업이 연봉제를 도입했다면 연봉표를 작성할 때 호봉표와 정기승급제부터 없애야 한다.

호봉제는 근속, 연령, 학력 등 인적요소에 기초해 임금이 지급되는 연공급을 기본으로 한다. 1년에 한 번씩 일정한 날짜에 정기적으로 승급되고, 호봉 간 액수도 차등해 월급이 지급되는 제도다. 임금과 승진이 근무연수와 연공서열에 따라 자동으로 올라가기 때문에 성과중심의 연봉제와는 완전히 다르다.

연봉제를 도입하면서 이런 자동승급 및 임금인상 방식의 호봉제를 혼용하게 되면 공정하고 합리적인 성과평가가 사실상 어렵다. 반면 연봉제는 합리적인 인사고과제도의 도입여부에 따라 성패가 갈린다는 위험이 있다.

연봉제는 직원의 성과를 임금인상과 승급에 반영함으로써 일할 동기를 부여하는 동시에 조직의 업무효율을 높이는 제도이다. 따라서 직원성과에 대한 공정하고 객관적인 평가가 뒷받침되지 않으면 성공할 수 없다. 개인성과의 평가결과에 대한 불만이 쌓이고 불공정 논란이 제기되면 인사시스템에 대한 직원들의 신뢰가 허물어져 조직 안정성이 떨어질 수 있다.

앞서 언급했듯이 연봉제도 아닌, 호봉제도 아닌 '무늬만 연봉제'를 운영하는 기업에서도 마찬가지로 직원들의 불만이 고조되기 쉽다. 물론 구성원 모두를 만족시킬 수 있는 평가 제도를 설계하는 것은 불가능에 가깝다. 다만, 연봉제 조직에선 최대한 평가항목을 정량화, 객관화하려는 노력을 해야만 직원들의 불만이 줄어들 수 있다.

또 성과주의 보상체계인 연봉제를 도입했다고 해서 직원 개인의 성과가 갑자기 배로 향상되거나 회사의 경영성과가 무조건 제고될 것으로 기대하는 것도 무리다.

연봉총액에
속지 마라

연봉 4,000만 원, 1억 원 등 연봉총액에는 관심이 많지만 매달 나오는 월급명세서를 꼼꼼하게 살펴보는 직장인은 많지 않다.

최근 중소기업에서 대기업으로 옮긴 서 대리는 이직 후 월급명세서를 받아보고 무척 실망했다. 입사 전 인사부장과 피 말리는 연봉 협상 끝에 합의한 계약 금액이 아니었기 때문이다.

사정은 이렇다. 연봉 4,000만 원을 받기로 하고 입사한 서 대리가 매달 받는 월급은 330만 원 정도여야 한다. 그러나 각종 세금 등 차 떼고 포 떼고 손에 쥔 월급은 애초 기대한 수준에 훨씬 못 미치는 것 이었다. 만약 서 대리가 매달 330만 원 정도를 받을 목적으로 연봉 4,000만 원에 합의하고 이직을 선택했다면 협상할 때 연봉총액을 더 높게 요구했어야 했다.

차 떼고 포 떼고 남는 것은 쥐꼬리

연봉제 하에서는 연봉총액을 12개월로 나눈 금액을 매달 받는다. 회사마다 조금씩 다르지만 기본급여, 급식수당, 상여 및 제수당, 통근수당 등 항목으로 월급여가 지급된다. 그러나 매달 월급통장에 들어오는 월급은 세금 및 공과금을 제한 세후 금액이다. 세금 및 공과금에는 주민세와 소득세뿐 아니라 4대보험도 포함된다.

4대보험은 건강보험료와 국민연금, 고용보험, 산재보험 등이다. 4대보험 공제액도 연봉제 급여명세서에 기재해야 한다. 이 중 고용보험 및 산재보험을 제외한 나머지 2개 보험은 회사와 근로자가 반반씩 부담한다. 산재보험이 공제항목에 포함돼 있는 회사도 있고 그렇지 않은 회사도 있다. 소득세와 4대보험료를 떼고 난 급여를 보고선 많은 월급생활자들이 협상 때 회사가 약속해준 금액이 아니라며 실망하는 경우가 적지 않다.

건강보험료는 월평균 급여의 5.89%가 부과되며 근로자와 회사가 절반씩 부담한다. 매달 납부되는 건강보험료 금액은 전년 급여를 기준으로 정해진다. 여기에 건강보험료의 6.55%씩을 회사와 직원이 치매 등 노인성질환으로 고통받는 사람을 지원하기 위한 장기요양보험료로 내야 한다.

건강보험요율은 2001년 3.4%에서 2012년 5.89%로 올랐고 2014년에는 5.99%로 인상된다. 2014년 인상률은 건강보험공단이 출범한 2000년 이후 세 번째로 낮다.

구분	월부담액		연간부담액	
	회사분	직원분	회사분	직원분
건강보험료(5.89%)	95,220	95,220	1,142,640	1,142,640
장기요양보험료(6.55%)	6,230	6,230	74,760	74,760
국민연금(9%)	145,490	145,490	1,745,880	1,745,880
고용보험료(0.8%,0.55%)	25,860	17,780	310,320	213,360
소득세		115,070		1,380,840
주민세		11,500		138,000
합계	272,800	391,290	3,273,600	4,695,480
근로자의 공제액을 제외한 월급여 및 실질귀속 연봉액		2,942,043		35,304,520

연봉 4,000만 원에 계약한 서 대리의 실수령액 (단위 : 원)

※ 미혼인 1인 단독가구. 비과세급여 식대 100,000원. 150인 미만 기업. 간이세액표에 따른 원천징수세액과 연말정
산결정세액 동일. 연봉 4,000만 원/ 월급여 3,333,333원(연봉에서 퇴직금 제외)
(자료 : 2013년 기준. 서구식세무회계사무소 세무사 서구식 제공)

직장인들이 월급명세서를 보고 가장 짜증내는 항목은 바로 국민
연금이다. 국민연금은 월평균 급여의 9%를 부과하며 회사와 근로
자가 절반씩 부담한다.

월급쟁이 잡는 국민연금, 많이 버는 사람이 덜 낸다?

그런데 국민연금은 한 달에 400만 원을 받는 사람이나 800만 원
을 받는 사람이나, 1억 원 넘게 버는 사람이나 '보험료'가 동일하다
는 문제를 안고 있다. 부과대상 소득이 월 400만 원 정도로 상한선
이 정해져 있기 때문이다. 다시 말해 우리나라 국민연금 제도에선

총급여액이 4,776만 원을 초과하는 부분에 대해선 연금보험료가 면제된다. 따라서 연봉이 4,500만 원 넘는 사람이나 1억 원 넘게 버는 사람이나 상관없이 똑같은 연금보험료를 내는 것이다. 오히려 많이 버는 직장인의 국민연금 부담은 상대적으로 적은 셈이다. 그러나 소득의 9%인 연금 보험료를 인상하지 않고 그대로 유지된다고 할 때 국민연금은 2060년쯤 고갈된다는 전망이 나왔다. 결론적으로 현재 직장인 입장에서 매달 나가는 국민연금을 돌려받지 못할 수도 있다는 것이다.

2012년 말 기준 국민연금 가입자 수는 2,032만 9,000명으로 추산된다. 사업장 119만 9,000개 소에서 국민연금에 가입한 직장인은 1146만 4,000명으로 전체의 56.4%이며 지역가입자는 856만 8,000명(42.2%)이다.

소득대체율(국민연금 가입 기간의 평균소득을 현재 가치로 환산한 금액 대비 연금으로 지급하는 비율)은 1988년 국민연금 도입 당시 70%에서 2007년 국민연금법 개정으로 현재 40% 수준으로 떨어졌다. 매달 200만 원씩 버는 사람이 40년 동안 국민연금을 납입했다면 은퇴 후 손에 쥘 수 있는 연금은 80만 원에 불과한 것이다.

국민연금, 과연 돌려받을 수 있을까

국민연금 보험요율은 1988년 도입 초기 3%에서 5년마다 3%포인트씩 올라 1998년에 현행 9% 수준이 됐다. 하지만 1998년 이후

15년째 현 수준에서 동결됐다. 2007년에도 보험료 인상 움직임이 있었지만 반발 여론으로 아무도 손을 대지 못했다. 더구나 기업들도 직원의 국민연금을 절반씩 부담하고 있는 만큼 연금인상이 달가울 리 없다. 연금보험료율을 올리기 쉽지 않은 이유다.

국회예산정책처는 국민연금 재정 건전성을 높이려면 2025년까지 현행 9%에서 12.9%까지는 올려야 한다는 보고서를 내놓았다. 이런 방안이 수용되면 연금소진 시기는 2083년 이후로 늦출 수 있다고 정부는 보고 있다. 5년에 한 번 국민연금 제도 개선을 논의하는 국민연금제도발전위원회도 국민연금 보험료율을 현 기준소득월액(평균 월 소득)의 9%에서 단계적으로 13~14%까지 인상하는 방안을 보건복지부에 건의했다.

하지만 요율 인상 없이도 연금 안정성을 유지할 방법이 아예 없는건 아니다. 연간 총급여가 1억 원 넘는 사람은 36만 명으로 총급여자의 2.3%에 해당한다. 총급여 1억 원 초과분에 대해 보험료를 추가로 부과하면 총급여 중상층의 보험료 부담을 늘리지 않아도 연간 2조 원 정도의 추가 연금재원을 확보할 수 있다.

고용보험료는 수당과 복리후생비를 제외한 월급여의 0.45%를 공제한다. 소득세는 매달 받는 월급 중 비과세 소득을 제외한 금액에 근로소득 간이세액표상의 세율을 곱해 원천징수한다. 간이세액표를 기준으로 매달 납부한 소득세와 주민세(소득세의 100%)는 다음해 연말정산에서 더 낸 부분은 돌려받고 덜 낸 부분은 추가로 낸다.

사업자는 보험료를 절약할 방법으로 비과세 급여를 활용하기도 한다. 건강 보험료와 국민연금은 비과세를 제외한 급여를 기준으로 산정하기 때문에 월급명세서를 작성할 때 식대나 자가운전보조금 등을 비과세로 처리하면 보험료를 절약할 수 있다.

고용노동부가 상용근로자 10인 이상 기업체 3,329개를 대상으로 조사한 '2012년 기업체 노동비용'은 근로자 1인당 월평균 노동비용은 448만 7,000원으로 전년보다 15만 9,000원(3.7%) 증가했다.

노동비용은 기업이 근로자를 고용할 때 드는 돈의 합계로 정액급여와 성과·상여금 등 직접 노동비용과, 퇴직급여·복리비·교육훈련비 등 간접 노동비용으로 구성된다.

직접 노동비용은 월 347만 6,000원으로 14만 4,000원(4.3%), 간접 노동비용은 101만 1,000원으로 1만 5,000원(1.5%) 각각 증가했다. 이 중 법정복리비용(국민연금·건강보험료·산재보험료·고용보험료)은 29만 7,000원으로 전년보다 6.0% 늘어났다.

허술한 법체계,
두 번 우는 연봉제 직원들

중소기업에 다니는 홍 과장은 최근 밤잠을 자지 못했다. 지금의 직장으로 옮긴 지 4년 만에 시간 외 수당을 받을 수 있다는 것을 알았기 때문이다. 입사 이후 지금까지 시간 외 수당을 받을 수 있다는 것을 알려주는 동료도 없었고 본인 자신도 연봉을 공개하지 말라는 사측의 당부에 입을 꾹 다물고 있었던 것이다. 전에 다니던 직장에선 연봉에 각종 수당까지 포함됐기 때문에 이번 직장에서도 당연히 수당을 못 받을 것으로 생각했다.

하지만 연봉제를 시행하더라도 근로기준법상 근로시간, 휴일, 휴가 등 조항은 그대로 적용된다. 연봉총액에 연장·야근·휴일근로수당, 연차휴가 미사용 수당 등이 포함된 것으로 책정하는 것은 원칙적으로 근로기준법 위반이다.

연봉제는 회사가 종업원(직원)의 능력과 실적을 매년 평가해 연간 임금액을 정해 계약을 맺고 매달 나눠 지급하는 능력중시형 임금지급체계이다. 연공서열에 따라 임금이 결정되는 호봉제와 달리 종업원의 성과에 따라 임금총액이 결정된다는 점에서 연봉제는 그 자체로 성과급 성격이 짙다. 그러나 연간 총 임금이 정해지는 연봉제라 하더라도 근로기준법상 연차, 월차, 시간외수당, 생리휴가, 퇴직금 등은 별도로 적용돼야 한다.

미국 등 선진국 민간기업이나 심지어 공무원 조직에서도 직원 개인의 성과 향상을 위해 연봉제가 일반화하는 추세이지만 우리나라에서 연봉제는 외환위기 이후 본격적으로 도입돼 제도 자체가 촘촘하지 않다. 따라서 혼용 사례가 적지 않다 보니 홍 과장처럼 연봉제 도입 회사에서 시간 외 수당을 받지 못하는 사례가 많다.

연봉제 도입, 취업규칙부터 바꿔라

이처럼 연봉제 회사에 다니는 직장인들은 주의해서 꼼꼼하게 따져봐야 할 게 많다.

우선 연봉제를 새로 도입한 회사는 취업규칙을 변경해야 한다. 현행 근로기준법 제94조에 따라 취업규칙을 변경하지 않으면 500만 원 이하의 벌금형을 받는다. 근로기준법에선 연봉제 도입으로 취업규칙이 유리하게 바뀌면 근로자의 동의를 받을 필요가 없지만, 반대의 경우라면 근로자 과반수의 동의를 얻도록 하고 있다. 다만, 노동조합이 있는 사업장은 단체협약을 변경해 연봉제를 도입할 수 있다. 조합원에 한해 적용하고 비조합원 근로자에게 적용할 때는 별도로 취업규칙을 변경해야 한다.

연봉제는 근로계약 기간과 상관없이 임금을 연 단위로 산정하며 매년 조정하는 임금지급 방식이다. 연봉제에서 임금은 근로기준법 제43조에 따라 통화불·전액불·직접불·정기불 등 원칙에 따라 지급된다. 즉 임금은 연 단위로 책정하지만 지급은 월 1회 이상 일정일에 전액 통화로 지급해야 한다는 것이다.

연봉제를 적용한 무기 계약직 근로자의 경우 계약기간이 끝나도 근로계약 자체가 종료되는 게 아니다. 새 연봉계약 내용으로 근로계약서를 다시 작성하면 된다.

연봉제도 근로기준법 등을 준수한다. 근로기준법 등에 따라 근로계약을 체결하고 취업규칙 변경과 단체협약 갱신, 노사협의회 등을 통해 연봉제를 도입할 수 있다.

사측과 개별적으로 연봉계약을 체결하는 직원도 근로기준법 제17조에 따라 월 기본급(주 40시간·209시간 기준)과 고정수당, 계산방법·지급방법 등 연봉 구성항목을 계약서에 상세하게 기재해야 한다. 예컨대 연봉금액 3,600만 원, 월급여액 300만 원을 각각 적고 월급여액 산정 항목도 기본급 250만 원, 직책수당 20만 원, 식비 10만 원, 교통비 10만 원, 월 초과근로수당 10만 원 등으로 꼼꼼하게 써넣어야 한다.

반면 '연봉금액 3,600만 원, 월급여액 300만 원(연차, 시간외수당, 야근수당, 퇴직금중간정산금액 등 기타 수당 포함)' 등으로 기본급과 각종 수당에 대한 산정 근거가 불명확한 계약서는 나중에 불이익을 받을 수 있다.

퇴직금 중간정산은 절대로 하지 마라

특히 퇴직금 지급도 마찬가지다.

미국식 연봉제 도입 초기 우리나라 다수의 직장인들 중에는 연봉 총액 속에 퇴직금도 포함돼 있다고 보는 사람이 많았다. 실제 상당수 중소규모 기업들은 퇴직금이 연봉에 포함됐다며 지급하지 않았다. 하지만 근로기준법상 상시 근로자가 5명이 안 되는 사업장을 제외한 모든 사업장에는 퇴직금이 적용된다. 단순하게 연봉 속에 퇴직금도 포함돼 있다며 이를 주지 않는 건 노동관계법령 위반이다. 따라서 1년 이상 근무한 연봉제 직장에서 퇴직금을 받지 못했다면 청구해 받을 수 있다. 또한 최근에 많은 기업이 포괄연봉제나 포괄임금제를 도입해 시간외수당, 야간, 휴일근로수당, 연차휴가근로수당, 퇴직금까지 월급에 포함해 지급하는 사례가 많다. 이 역시 위법으로 볼 근거가 많다.

포괄임금산정제도는 실제 근로시간을 따지지 않고 당사자 간 합의로 매달 일정액의 시간 외 근로수당을 지급하거나 기본임금에 제수당을 포함해 지급하는 임금산정방식이다. 포괄임금제는 사업장 밖에서 일해 근로시간이 일정하지 않고 측정하기 어려운 직업 종사자들에게 주로 적용된다. 사업장 내 근로자라도 근로시간이 달라질 수 있는 해외 건설현장 관리직원 등이나 아파트 경비원, 보일러 운전기사 등도 포괄임금제를 할 수 있다.

무엇보다 포괄임금제에서도 반드시 근로계약서는 작성해야 하며 임금의 구성항목 결정·지급방법을 서면으로 명시해야 한다. 대법원 판례에서는 근로자 동의로 체결한 포괄임금 계약도 근로자에게 불이익이 없고, 정당하다고 인정돼야 유효하다고 보고 있다. 반드시 근로자가 사전 동의해야 효력이 있는 것이다. 불이익과 제반사정은 유사업종 다른 기업 임금 현황과 동종업계 임금수준, 실제 근로시간에 따른 법정수당과 차이, 기본급·제 수당 명목, 임금지급방법 등을 고려해 판단해야 한다.

퇴직금을 연봉이나 월급에 포함해 지급하는 것도 적절하지 않다. 예를 들어 한 기업은 총연봉을 13으로 나눠 연간 총 12번을 월급으로 지급하고 나머지 1/13을 연말에 퇴직금으로 지급한다. 그러나 퇴직금이란 퇴직할 때에만 발생하는 것으로, 이처럼 미리 지급하는 건 퇴직금으로 볼 수 없다는 게 기본 원칙이다.

고용노동부도 퇴직금을 미리 지급하는 것은 중간정산에 해당해 별도의 요청서가 있어야 효력으로 인정하고 있다. 특히 2012년 7월 퇴직금 중간정산 사유가 제한됨에 따라 정당한 이유 없이 퇴직금을 미리 지급하는 것은 모두 무효로 간주된다.

또 포괄임금제에서 연차휴가 미사용 수당이 지급됐다고 해도 근로자의 휴가 청구권이 없어지는 게 아니다. 이 경우 근로자가 휴가를 청구하면 사측은 이를 거부할 수 없다. 근로의 대가代價가 아닌 법에 근거한 해고 예당수당이나 휴업수당, 산전후 휴가급여 등도 연봉에 포함할 수 없다. 법정수당 외에 가족수당이나 식비 등 수당은 계약자유 원칙에 따라 당사자가 원하는 대로 포함 여부를 결정할 수 있다.

다만, 최근에는 임금제에 연장·휴일근로수당 등을 포함했다면 수당별로 인정시간을 명시해야 한다. 직원이 포괄임금으로 받은 연장·야간·휴일근무 수당이 실제 근로시간에 따라 받을 수 있는 수당보다 적었다면 회사는 그 차액을 지급해야 한다.

성과주의의 함정,
연봉제가 직원을 노예로 만든다

전문대를 나온 이 과장은 국내 한 중소기업에 다니고 있다. 이 회사는 설립된 지 10년 남짓 됐지만 작고 탄탄하다. 이 과장도 회사 설립 초기에 합류해 성장을 공유하는 개국공신開國功臣 중 한명이다.

이 회사는 매년 직원들과 일대일 협상을 통해 연봉을 책정하고 있다. 설립 초기 이 회사는 직원들의 성과가 회사 성장에 결정적인 영향을 미치는 점을 고려해 성취의식을 고취하고, 초기 임금 비용을 낮추려고 연봉제를 채택한 것이다.

직원들이 회사와 자신의 성장을 위해 전투적으로 일하다 보니 회사에 대한 불만이 있어도 목소리를 내지 못하곤 했다. 자연히 노동조합 설립도 매번 실패했다. 노사협의회를 두고 있을 뿐이다.

회사가 직원들에게 과도한 경쟁을 유도하고 합리적인 기준 없이 연봉삭감 등 불합리한 처우를 하자 직원들의 힘이 한데 합쳐지지 않았다. 그러나 경영진이 회사에 불만이 많은 직원과 일대일 협상을 통해 임금수준을 타협하는 전략을 취하자, 불만의 목소리를 내던 직원도 협상을 끝내고 언제 그랬느냐는 듯이 다시 일상으로 돌아가곤 했다. 물론 그렇다고 해도 전체 직원의 불만은 쉽게 가라앉지 않았다. 결국 회사 내 직원들의 불만이 증폭되자, 이 회사에도 노동조합이 탄생했다.

이처럼 사용자와 노동자 관점에서 볼 때 연봉제 도입은 긍정적인 효과뿐 아니라 부정적인 효과도 많다.

연봉제의 부작용, 갈등과 위화감 그리고 작아지는 노조

연봉제는 직원들의 동기를 유발하고 임금관리가 쉬울 뿐 아니라 인재확보에서 긍정적이다. 하지만 위의 사례처럼 직원 간 갈등과 직장 내 위화감이 조성되고 개인과 부서 간 화합과 협동심은 떨어지며, 단기성과와 양 중심의 업무 결과가 나타난다. 합리적이지 않은 평가제도와 불공정성이 심화하면 직원들의 불만은 걷잡을 수 없이 증폭되는 단점도 있다.

임금격차가 지나치게 벌어져 직원들 사이에 경쟁이 심화하고 이로 인해 노동강도가 세져 과로 등 업무상 재해도 생길 우려가 있다.

연봉제는 평가 과정에서 평가자의 주관적인 판단 등 자의성이 개입할 여지가 많아 직원들의 불만이 생기는 약점을 갖고 있다. 사측과 개별적인 협상을 통해 임금결정이 가능하다 보니 성과가 저조한 직원은 퇴사의 압박을 느끼는 등 고용안정을 위협받게 되며 노동조건은 악화할 수밖에 없다. 자연히 노동조합의 임금교섭력이 약화될 수 있는 제도가 바로 연봉제이다.

이런 이유로 통상 근로기준법 제94조에 따라 연봉제를 도입하는 회사는 취업규칙을 반드시 변경해야 한다. 취업규칙이 노동자에게 유리하게 변경되면 근로자의 동의가 필요 없지만, 불리하게 변경될 때는 근로자의 동의가 필수다. 다시 말해 사측이 노조동의 없이 일방적으로 연봉제를 도입하는 건 부당 노동행위에 해당한다.

그렇다면, 근로자 입장에서 볼 때 연봉제 도입이 '불이익 변경'에 해당하는 걸까?

행정해석과 판례에선 일반적으로 연봉제 도입으로 유리해지는 플러스섬plus-sum 방식이 아닌 이상 대다수 연봉제 방식은 근로조건이 악화한 불이익 변경에 해당하는 것으로 해석되고 있다. 통상 연봉제 도입 회사에서는 임금이 깎이는 직원이 발생하기 때문이다. 특히 최근 공기업 등 공공부문에서 도입한 연봉제는 제로섬zero-sum 방식이다.

연봉제 도입, 근로자 전체 동의 있어야

이처럼 근로조건의 불이익 변경에 해당하는 사례는 적지 않다.

인사고과 결과 임금이 삭감될 수 있는 연봉제를 도입할 때는 취업규칙 불이익 변경 절차를 반드시 거쳐야 한다.

쉽게 예를 들어 보자. A회사가 총 근로자에게 지급할 총 임금재원은 연봉제 도입 전과 같다. 그런데 개별 직원 입장에서 보면 기존 임금보다 더 받는 직원도 있고 기존보다 적은 임금을 받는 직원도 생긴다. 따라서 전체 근로자 입장에서는 근로조건이 나빠졌다고 볼 수 있으므로 전체의 동의를 받지 않은 채 취업규칙을 변경하는 것은 무효로 보는 것이다.

개인별 성과급은 기존 임금(기본급, 제수당, 또는 상여금) 중 일부를 성과나 업무평가 결과와 연동해 차등 지급하는 제도이다. 낮은 평가점수를 받은 직원은 종전보다 임금을 덜 받는 불이익을 받게 된다. 때문에 성과급 제도를 도입하려는 회사는 과반수 노조 또는 근로자 과반수의 동의를 받아야 한다.

그러면 임원(간부직)에 대해서만 연봉제를 도입할 때도 노조의 동의를 받아야 할까?

임원에만 연봉제나 성과급 제도를 적용하는 것도 사실 불이익에 해당한다. 다만, 일부 직급에 한 해 취업규칙의 불이익 변경을 할 때는 해당 직급의 과반수 동의만 받으면 된다. 하지만 대다수 임원 등 상위직급은 조합원에서 탈퇴했거나 가입대상이 아니라는 애로짐이 있다. 그러나 판례 등에서는 시각이 조금 다르다. 예컨대 A기업의 취업규칙 불이익 변경 당시에는 임원 B씨만 해당하지만 몇 해가 지나 승진 등으로 C부장이나 D차장도 임원으로 승진해 연봉제를 적용받게 된다. 즉 다시 말해 상위직급에 한해 연봉제를 도입한다고 해도 취업규칙을 변경할 때는 해당 직급으로 승진이 기대되는 모든 직원의 과반수 동의(노조)를 받아야 한다는 얘기다. 또 연봉제에선 성과 평가결과가 고용조정에 영향을 미칠 가능성도 있다. 능력이 탁월한 직원은 이듬해 연봉을 높여 받을 수 있지만 성과가 부진한 직원은 심지어 도태되거나 잘릴 위기에 처할 수도 있다.

몇 년 전 연봉제를 시행하는 국내 모 대기업에 다니던 최 부장은 느닷없이 신설된 부서에 발령받았다. 사무실이라고 가보니 일선 업무부서가 모여 있는 층이 아닌 어느 한적한 층 구석에 책상과 의자가 두서없이 놓여 있었다. 발령받은 직원들은 여기저기 부서에서 모인 다양한 사람들이었다. 1년차든, 15년차든, 부장급이든 말단 직원이든 보직도 없이 모두 똑같은 처지였다.

인사 직후 사내에선 해당 신설 부서에 업무 성과가 저조한 직원들만 모아났고 1년 내 아무런 성과를 내지 못하면 모두 아웃된다(해고된다)는 소문이 빠르게 퍼졌다. 1년 후 해당 부서는 소문대로 흔적도 없이 사라졌다.

최 부장이 당한 사례처럼 연봉제를 도입한 일부 기업에선 이런 평가시스템에 따른 자동퇴직조항을 신설했다. 예를 들어 '2년 연속 D등급을 받은 직원은 자동퇴직되거나 대기발령(직위해제) 후 몇 개월이 지나고 나서 보직을 받지 못하면 자동 퇴직된다'는 식의 규정이 골자다. 즉 경영진이 맘에 들지 않는 직원을 해고할 수 있는 편법적 길이 열린 셈이다.

그러나 회사 내 이런 규정이 있다는 이유만으로 해고(자동퇴직)가

정당화되지는 않는다. 사망, 정년, 근로계약기간 만료 등 근로관계의 자동소멸을 가져오는 경우를 제외하고는 퇴직은 근로기준법 상 제한을 받는 해고에 해당한다.

단체협약에서 정한 퇴직사유가 발생해 퇴직처분을 했더라도 모두가 근로기준법에서 정한 정당한 이유에 해당하는 건 아니다. 해고는 정당한 이유가 있어야만 한다. 또 사측은 1개월 이상 예고를 하거나 1개월분 이상의 통상임금을 해고 예고수당으로 지급해야 한다. 더구나 부당해고 관련소송에서 해고의 정당성을 증명하는 책임은 주장하는 쪽이 져야 한다.

2장

내 연봉은 과연
정당한 것일까

호봉제와 연봉제의
갈림길

외환위기 이전까지만 해도 우리나라 직장인들 사이에선 '창
가족窓際族'이라는 말이 대유행이었다.

당시는 국내 기업을 다니는 샐러리맨들 사이에서 내 집 마련 못지
않게 승진이 인생의 목표이던 시절이다. 대다수 직장은 사다리형 구
조였기 때문에 한해 두해 연차가 쌓이면서 승진이 이루어졌다. 같은
시기에 입사한 동료들보다 승진이 늦으면 본인 스스로 직장에서의
낙오자, 실패자로 여기곤 했다.

정년퇴임 때까지 강제로 쫓아내는 퇴출제도 자체가 없었고 위에
서부터 부장, 차장, 과장, 대리 등 직급순으로 책상의 배치와 '때깔'
이 다른 것이 일반적인 사무실 풍경이었다. 자연히 부서의 맨 위에
앉아 있는 사람이 일은 가장 적게 하면서 월급은 가장 많이 받았다.

승진할수록 일의 양은 줄어들지만 월급은 늘어나는 구조였기 때문이다.

이처럼 부장 이상의 직급에 앉아 있는 직장인들을 바로 '창가족'이라고 불렀다. 창가 바로 앞에 넓은 의자에 앉아 일은 별로 하지 않고 창밖의 경치만 바라보는 부상 이상의 상사들을 빗댄 표현이다.

"김 부장은 하루 종일 창밖만 보고 있다가 가끔 자리에서 일어나 큰 소리치며 아랫사람들을 들들 볶는다", "이 부장은 점심시간에 사라져 사우나에서 고스톱을 치며 시간을 보내고 퇴근 전에 들어온다", "일은 내가 다 하는데 월급은 윗사람들이 다 받아간다" 등 불만이 술자리에서 쏟아지던 시절이었다.

애초 창가족은 1977년 일본 모 일간지에서 처음 언급됐다. 일본은 1960년대 호황기 때 대거 고용했다가 불황기인 1970년대 후반 별안간 할 일이 없어진 잉여(유휴) 직장인을 창가족이라고 불렀다. 이런 창가족이 우리나라에선 일은 별로 하지 않고 월급만 많이 받는 부장 이상 간부급을 부르는 말로 쓰였던 것이다. 그래봤자 나이로 보면 40대 중반에서 50대 초반쯤이다. 40대가 활발한 경제활동을 하고 있는 지금과 비교하면 당시 부장 이상 간부들은 정말 '낭만' 가득한 화려한 꽃보직 생환을 했다고 볼 수 있다.

그러나 창가족이란 말은 외환위기 이후 직장 내 인력 구조조정이 표면화하고 본격적으로 성과와 연동한 연봉제가 도입되는 등 조직에 인력구조의 유연성과 탄력성이 생기면서부터 소리 소문 없이 사라졌다.

낭만의 시대 '창가족', 지금은 짐 싸기 십상

외환위기 전 우리나라 조직문화에서 창가족이 등장했던 것은 기본적으로 임금체계 자체가 호봉제였기 때문에 가능했다.

호봉제는 쉽게 말해 직계나 연공서열을 기초로 해 임금이 정해지는 체계이다. 근속연수와 연령, 학력, 성별 등으로 임금이 결정되는 제도를 말한다. 임금이 성과여부와 상관 없이 정년퇴직할 때까지 매년 일정 비율로 인상된다. 일을 잘하는 직원이든 못하는 직원이든 같은 해에 입사한 동료들끼리는 10년 뒤에도 똑같은 월급을 받는다. 또 입사시험을 통과해 입사만 하면, 위로 갈수록 고임금이 보장돼 있다.

물론 호봉제 하에서 직장인들이 일을 소홀히 하는 것은 아니다. 하지만 철밥통이 당연시되던 과거에 창가족이 존재할 수 있었던 데는 호봉제가 한몫을 했던 것만은 사실이다. 위로 갈수록 하루 종일 일을 하지 않고 창가에 앉아 가끔 '에헴, 에헴' 기침 소리로 존재감만 알리고도 고임금을 받는 게 가능했던 것이다.

호봉제는 단일호봉제單一號俸制와 계급호봉제階級號俸制로 나뉜다.

단일 호봉제는 모든 직원의 임금을 하나의 호봉체계로 단순화해 놓은 것을 말한다. 이는 교원처럼 계급 개념이 없는 비계급제 공무원에 적용되는 임금체계로, 호봉별로 임금이 차등화된다.

계급별 호봉제는 계급이 있는 일반직, 기능직 공무원의 봉급액이 계급별로, 호봉별로 차등화하는 제도이다. 사원, 대리, 과장 등 직급에 따라 각 호봉체계를 갖는다.

근속호봉제는 호봉승급액이 호봉별로 차별화된다. 각 호봉은 근속연수와 일치한다. 호봉 승급昇給은 보통 1년 단위로, 1호봉씩 이뤄진다.

호봉제에서 기본급은 직장 초년생은 매우 적지만 위로 갈수록 늘어나는 체계가 일반적이다. 주거비와 교육비가 많이 드는 중년을 위한 배려 차원에서다. 매년 일정한 금액이 오르는 정액승급제와 매년 일정한 비율로 늘어나는 정률승급제가 대표적이다. 임금 인상액이 대리에서 과장, 과장에서 차장으로 승진할 때까지 늘어난 후 다시 줄어드는 S자형승급제도 있다.

호봉제의 특징은 보너스 개념의 상여금이 분기마다 한 번씩 지급된다는 것이다. 일을 못한다고 구박을 당할지언정 월급과 보너스는 일 잘하는 동료와 똑같이 받는 것이다.

철밥통은 없다, 연봉제의 등장

하지만 외환위기 이후 부도로 쓰러지는 대기업이 생겨나자 기업들 사이에서 인력운영과 임금체계를 효율적, 탄력적으로 바꾸가는 움직임이 확산됐다. 일을 열심히 하고 많은 성과를 내는 사람에게 더 많은 과실(임금)을 줘서 업무의 효율성을 높이고 일을 하지 않는 쓸모없는 인력은 구조조정을 통해 비율을 줄이자는 것이 그 목적이었다. 결과적으로 외환위기라는 국가적 위기는 우리나라 모든 직장인들에게 직장을 잃을 수 있다는 고통의 씨앗을 심어준 셈이다.

우선 조직 전반에서 인사와 직급파괴 현상이 일어났다. 어떤 기업은 이런 분위기를 틈타 인력 강제 구조조정에 나서기도 하고 과도한 성과주의 도입으로 인한 생각지 못한 부작용도 생겨났다. 하지만 성과에 연동한 연봉주의 도입 움직임은 최근까지 대세로 자리하며 확산되는 추세이다.

이제는 머리가 희끗한 직장인들이 작업현장과 사무실을 누비며 분주하게 일 하는 모습이 익숙하다. 아랫사람보다 위로 갈수록, 고임금을 받을수록 업무량과 책임감이 무한대로 늘어난다는 점도 과거 창가족과 비교하면 180도 달라진 모습이다. 즉, 사측 입장에서 보면 많이 주고 많이 부려먹는다는 게 원칙이고, 직장인 입장에선 성과를 많이 내야 많이 받는다는 게 기준으로 인식되고 있다.

업무량은 늘어나고 고용안정은 보장되지 않으니 호봉제 체제의 기업 직원들 사이에서 연봉제 도입을 반대하는 움직임이 나타나는 것도 당연한 수순이다.

골든브리짓투자증권이 2013년 경영환경 악화에 대응하기 위해 증권업계에서 처음으로 성과연봉제를 도입하자 노종조합이 장기파업으로 맞서며 반발했다. 외국계 스탠다드차타드sc은행(옛 SC제일은행) 노동조합도 2011년 사측이 성과연봉제 도입을 추진하자 장기파업을 벌이기도 했다. 한국스탠다드차타드sc은행은 결국 2013년 국내 은행권에서 처음으로 개인성과와 팀성과를 반영해 기본급을 차등 지급하는 '기본급 차등 성과급제'를 도입했다.

최근 일부 언론사들도 성과중심의 연봉제 도입 추진으로 몸살을 앓고 있다. 이는 우리나라의 연봉제가 여전히 과도기임을 증명하는 사례라 할 것이다.

연봉 테이블,
끝 모를 상한선과 하한선

외국계 기업에서는 아주 친한 동료조차 연봉을 묻지 않고, 알려고도 하지 않는 것이 예의다. 철저한 연봉제 체제인 외국계 기업에서는 같은 직급, 같은 부서 직원들 간에도 연봉이 큰 폭으로 벌어질 수 있어 서로 알아봤자 좋을 게 없기 때문에 묻는 사람도 없다고 한다.

우리나라에서도 최근 성과연봉제를 도입한 대기업이나 시중은행에서는 같은 직급의 동기 중에서 최고 연봉을 받는 사람과 최소 연봉을 받는 사람의 연봉이 최대 3배 넘게 벌어지는 회사도 있다. 심신의 안정을 위해서는 상대방의 연봉을 애당초 모르고 사는 게 좋을 것이다.

내 연봉, 아무에게도 말 하지마

호봉표는 같은 직급 내, 호봉마다 일정한 임금금액이 정해져 있고, 호봉 간 격차가 2% 넘지 않는 선에서 짜여 있다. 때문에 호봉승급 때마다 임금인상폭이 미미해 격차도 작다. 반면 연봉제는 직급별로 초임과 상한선 및 하한선이 있어 개인별 임금이 그 사이에서 차등화될 수 있도록 설계됐다.

임금이 일정 비율로 자동적으로 오르는 호봉제와 달리 연봉제는 성과에 연동해 임금이 정해지므로 직급별 연봉의 상한폭과 하한폭도 커진다. 일반적으로 직급별 연봉은 초임의 80~120% 범위에 있다.

그러나 성과별 임금 차등폭을 크게 둔 연봉제를 도입한 일부 대기업이나 금융회사 중에서는 같은 직급 내 연봉이 3배 이상 차이가 나는 곳도 있다. 때문에 예컨대 부장 직급에서 성과가 가장 저조한 직원보다 아래 차장 직급에서 성과가 가장 좋은 직원이 더 많은 연봉을 받는 일도 있다.

다만, 성과를 지속적으로 많이 내 한도 끝도 없이 연봉이 오르는 고액연봉자의 등장을 막기 위해 기업들은 올해 평가결과가 이듬해에도 영향을 미치는 누적식 연봉은 일정 비율로 올리고, 평가결과가 그 해에만 영향을 주는 비누적식 연봉제에선 일정 금액을 올리는 방식을 선택하기도 한다.

연봉제의 묘미, 직급은 같아도 연봉은 극과 극

실제 연봉제 도입 사례를 보자.

LG전자는 2001년부터 성과주의 인사제도를 운영하고 있다. 연봉제 도입 사원의 직급별 연봉 격차는 최대 100%에 이른다. 상한선과 하한선을 둬 같은 직급 내에서도 연봉이 2배가량 벌어지도록 했다. 직급별 기본 연봉폭을 설정하되, 우수 인재의 동기부여 차원에서 상한, 하한, 중간의 차이를 둬 동일 직급에서도 능력과 성과에 따라 연봉 차이가 존재하도록 했다.

진급하기 위해서는 그룹 차원에서 시행되는 직급별 진급교육을 수료해야 하며 연구개발R&D, 소속 직무분야에 따라 어학 등 기본 진급요건을 충족해야 한다.

하이트진로는 2012년 말 성과에 따라 고속승진과 고연봉이 가능한 신인사제도를 도입했다. 사원에서 부장까지 기존 호칭은 유지하지만, 실제 직급은 성과에 따라 G1~G6 단계로 나뉜다. 같은 과장이라도 직급은 G3나 G4로 차등화될 수 있다.

시중은행에서도 성과에 따라 차등지급하는 성과급제를 도입하면서 같은 직급에서 최고와 최저 연봉 격차가 크게 3배로 확대되기도 한다.

최근 대기업이나 금융회사의 임원급 연봉을 보면 이런 연봉제의 묘미를 더 느낄 수 있다. 임원들은 퇴사 후 재입사해 1년 단위로 연봉계약을 체결하는 것이 보통이다. 임원들이 자신들을 입버릇처럼

'임시직'이라고 말하는 건 바로 이 때문이다. 임원이 되면 기본급 상승폭은 크지 않지만 성과급이 많아 실수령 연봉액이 대폭 늘어난다. 하지만 언제든지 해고될 위험에 노출돼 있다.

삼성그룹의 초임 상무 연봉은 기본급 기준으로 1억 5,000만~2억 5,000만 원선이지만 3년차 이상 고참 상무는 3억 원에서 5억 원 수준의 연봉을 받는다. 여기에 초과이익분배금PS 등 성과급을 포함한 실수령액은 기본급의 2배에서 3배에 이른다고 알려졌다.

현대자동차그룹의 임원 연봉은 이사대우나 이사가 1억 6,000만~2억 원 정도, 전무급은 3억 원이 넘는다.

SK그룹과 LG그룹의 신임 임원도 기본 연봉으로 1억 2,000만~1억 5,000만 원수준을 받는다. LG그룹은 부장에서 상무로 올라갈 때 연봉이 100% 인상된다.

연봉제 속 발탁승진,
선후배 문화의 파괴

산업계의 트렌드 중 하나로 업무성과 중심의 연봉제 도입과
함께 발탁인사제도와 연공서열식 직급체계 파괴의 문화가 빠르게
확산되고 있다.

삼성그룹은 이건희 회장의 젊은 조직론에 힘입어 승진을 결정할
때 연차를 무시하고 철저하게 개인과 부서의 성과에 따라 결정한다
는 원칙을 정했다. 삼성 계열사들은 정상적인 단계를 밟아 사원에
서 부장까지 오르는 데 보통 18~20년이 걸린다. 하지만 발탁승진
으로 연한이 대폭 축소될 수도 있고, 각 직급에서 다른 동료보다 오
랜 기간 머무를 수도 있다.

2016년 정년 60세 연장 시행을 앞두고 승진 연한을 늘리는 곳도
있다. LG전자는 2014년부터 사원부터 대리–과장–차장–부장에

이르는 승진 연한을 4년, 4년, 5년, 5년으로 기존보다 2년 늘리기로 했다. 이렇게 되면 LG전자에 신입사원으로 입사해 부장까지 오르는 데는 꼬박 18년이 걸린다. 과장에서 차장, 차장에서 부장으로 승진하는 연한이 각각 4년에서 5년으로 1년씩 늘어났기 때문이다. 다만 업무 성과와 역량 평가결과를 바탕으로 필요역량을 충분히 갖춘 것으로 판단된 인재는 승진 연한에 상관 없이 추천에 의해 발탁 승진이 가능하다.

더욱이 승진 경쟁률이 대리에서 과장은 2대 1, 차장에서 부장은 4대 1에 달해 사원에서 부장까지 가는 데 걸리는 연한은 정상적인 경우보다 대폭 줄어들 수도, 길어질 수도 있는 것이다.

사라지는 김 부장님, 이제는 김 매니저!

전반적인 기업 문화에서 '사원-대리-과장-차장-부장' 등 전통적인 연공서열식 '직급체계'도 사라지고 있다.

아주그룹은 2013년부터 입사 연도나 나이에 관계 없이 모든 직원을 '매니저'Manager로 부르기로 했다. 대리급 사원 이모 씨가 김모 부장을 부를 때 '김 매니저'라고 한다. 사원들은 아직 이색함을 느끼지만 과거보다 한층 젊어진 느낌을 받는다고 한다.

성과주의 연봉제를 도입한 CJ그룹에선 2000년부터 '김 부장님', '이 대리님' 등 기존 기업에서 흔히 들을 수 있는 직급별 호칭을 쓰지 않는다. 부장이든, 사원이든 모든 직원을 부를 때 이름 뒤에 '님'을 붙여서 부르고 있다. 예컨대 마케팅부 책임자가 김승진 부장이라면 '김 부장'이라고 하지 않고 '김승진 님'이라고 부르는 것이다. SK텔레콤·포스코·한화·롯데 등 기업들도 매니저Manager로 명칭을 통일하거나 직급을 단순화했다.

이처럼 때가 되면 입사 동기들이 함께 승진하고, 임금도 같이 오르는 기존 보수와 승진체계는 점차 기대하기 힘들어졌다.

연차와 나이, 이제는 잊어라

직급체계는 조직마다 다르다.

행정직 공무원 조직은 잘 알려져 있듯 9급(말단 서기보)—1급(차관보 등 관리관)까지 9개 등급으로 나뉘어 있다.

기업들의 직급체계는 보통 4단계에서 7단계로 이뤄졌다. LG전자는 G4(사원)—G1(부장) 등 4단계, 삼성전자는 G1(사원)—G7(부장) 등 7단계로 각각 돼 있다. 포스코그룹과 CJ그룹은 6단계 직급체계를 채택했다.

호봉제를 폐지하고 연봉제를 도입한 기업은 승진에서도 연공주의를 배제하고 성과주의를 따른다. 승진 여부를 판단할 때 연차와 나이를 무시하고 능력과 업적, 성과 등에 무게를 둔다는 것이다. 다만 순수연봉제보다 연공서열을 감안한 혼합형 연봉제를 도입한 기업들은 승진과 동시에 인상되는 직급수당 체계도 유지하고 있다. 직급수당은 액수로는 얼마 되지 않지만 승진한 직원들이 기대하는 심리가 강하기 때문에 사기진작을 위해 기업들이 포기하기 쉽지 않다.

발탁승급제도는 최근 2~3년 인사고과에서 최고 등급을 받은 직원이나 동일 직급의 평균연봉보다 많은 연봉을 받는 직원을 승진심사 대상에 올려주는 방식이다. 그러나 연공서열주의를 파괴한 기업들도 발탁승진에 제한을 두고 있다. 따라서 직급별로 평균 머무는 연한보다 일러야 1년 정도 먼저 승진하는 케이스가 가장 보편적이다.

CJ그룹은 국내 대기업 중 처음으로 파격적인 발탁승진 제도를 도입해 눈길을 끌었다. CJ그룹은 2013년 대졸 신입사원이 임원으로 승진하는 데 필요한 직급별 체류연한(승진연한)을 20년에서 최단 10년으로 단축하는 패스트트랙FASTTRACK 제도를 도입했다.

능력 있는 직원에 대해서 G3사원(4년), G4대리(4년), G5과장(4년), G6부장(4년), G7선임부장(4년)으로 돼 있는 직급별 체류연한을 2년씩 줄이고 발탁 승진시키겠다는 것이다. 2013년 신입사원 기준으로 입사 10년 만인 30대 중반에 임원이 될 수 있는 길이 열린 셈이다.

코오롱그룹은 2013년 말 40대 사장을 발탁하는 등 직위·연차·학력·나이와 관계 없는 파격승진 인사를 단행했다. 코오롱그룹의 최고경영자CEO 평균 연령은 2011년 59.6세에서 2014년 56.3세로 3.3세 줄어들어 세대교체가 이뤄지고 있다.

과도기 형태의 연봉제

호봉제에서 연봉제로 가는 과도기에 있는 기업들은 연공급 호봉체계를 수정한 차등승호제를 채택하기도 한다. 개인별로 업적과 능력에 따라 급여를 차등조정하는 것이다. 호봉제에서 매년 승급할 때 자동으로 적용되는 평균승호율을 인사고과 결과에 연동해 차등적으로 적용하는 방식이다. 인사고과 결과가 비누적식(당해 연도에만 적용)으로 이뤄지기 때문에 성과에 따른 보상 차이는 크지 않다.

경력개발제도CDP에 따른 승진체계도 있다. 이는 성과에 대한 차등보상이라는 연봉제 개념에 부합하는 것인데, 경력에 따라 승진제도를 운영하는 것을 말한다. 많은 대기업이 포인트Point 방식의 승격제도를 따른다. 이는 직급체류 연한을 채우지 않아도 인사고가 결과를 포인트로 쌓아 일정한 기준을 넘으면 승진심사 대상에 오르는 형태다.

경력개발제도는 현대자동차나 대한항공, 우리은행, 한국은행 등에서 직원의 직무 역량 강화를 위해 최근 도입했다. 하지만 이런 승진제도가 각 회사에서 잡음과 갈등 없이 정착하려면 성과연동 임금체계와 마찬가지로 평가제도 자체가 합리성을 갖고 있어야 한다. 기업은 평가제도와 능력개발 체계를 일관성 있게 적용해야 직원들의 신뢰를 얻을 수 있다.

우리 회사의
평가기준은 무엇일까?

2004년은 연봉제 도입 움직임이 나타났으나 지금처럼 활성화하거나 체계화되지 못한 때다. 당시 연봉제를 채택한 A중견기업의 입사 3년차 김 씨는 인사담당자와 연봉협상을 하고 나오면서 바로 사표를 제출했다. 아직 젊은 혈기의 김 씨는 1년 동안 꽤나 열심히 일했다고 자부했으나 인사 담당자는 수긍해주지 않았다. 이에 마음이 상한 그는 자신을 알아봐주지 않는 회사에 더 이상 남아 있을 이유가 없다며 사표를 낸 것이다.

그러나 인사담당자 입장에서는 김 씨가 매출 등 성과와 직접적인 관련이 없는 관리직에 있어 성과라고 측정할 만한 게 없었고 눈에 띄지도 않았기 때문에 그의 요구가 무리라고 판단했던 것이다.

사측과 김 씨 모두 일리가 있지만 젊은 김 씨의 사기를 떨어뜨려 결국 사표까지 내도록 한 일차적인 책임은 단순히 '무늬만 연봉제'만 도입했을 뿐 합리적인 성과주의 평가체계를 갖추지 못한 A기업에 있다.

조직에서 연봉제가 잘 정착하느냐의 성패는 얼마나 합리적이고 타당한 평가시스템을 갖췄느냐에 달렸다고 해도 과언이 아니다. 실제 한 설문조사에서 직장인 2명 중 1명은 연봉제 실시의 가장 큰 문제점으로 '평가에 대한 불신'을 꼽았다. 물론 전체 직원들의 성과를 계량화해 일일이 측정하는 지표를 만든다는 것 자체가 쉽지 않다.

예컨대 모든 직원들이 매달 몇 개의 제품을 만들어야 한다는 계량적 단순 목표가 있다면 성과 평가는 쉽다. 그러나 직원마다 수행 업무와 부서가 다르고 일의 특성에 따라 어떤 업무는 성과가 숫자로 바로 나오지만 어떤 부서는 그렇지 않기 때문에 일률적인 잣대로 점수를 매기는 것 자체가 불가능하다.

인사고과는 얼마나 믿을 수 있나?

연봉제에서 인사고과 시스템은 타당성과 신뢰성, 수용성 등을 두루 갖추고 있어야 한다.

인사평가는 독립적, 객관적, 공정하게 이뤄져야 한다. 인사평가 때 인사담당자는 업무의 난이도와 직무의 특성, 중요도 등을 고려해야 한다. 평가기간 내 실적과 해당 평가요인에 대해서만 평가해야 한다. 평가결과가 다른 요인이나 이후 기간 평가에 영향을 미쳐선

안 된다.

성과주의 연봉제 체계에선 업적평가와 함께 역량평가를 한다. 업적평가는 팀과 개인 업적을 모두 해야 하고 역량평가는 지식 Knowledge과 기술Skill, 태도Attitude 등을 평가하는 것을 말한다.

주로 팀원평가 항목은 인재상, 직무능력, 당기 성과, 임의평가 등으로 구성된다. 팀장 등 관리자 평가 때는 업무추진과 조직관리 등 관리능력과 조직성과를 본다.

자기 스스로 자신을 먼저 평가하고, 같은 팀 동료평가 등 다면평가를 하는 건 기본이다. 팀원들에 대한 평가는 팀장이 기준에 맞게 절대평가를 통해 점수를 매기며, 국장은 팀장 평가에 추가 의견을 내는 정도만 한다. 인사팀은 모든 평가를 합쳐 종합 점수를 내 팀원 개인의 연봉과 승진, 포상, 교육 등에 반영한다.

또 기업들은 반드시 개개인에 대한 평가 결과를 직원들에게 피드백해줘야 한다. 개개인이 자신에 대한 등급평가 결과를 수용하는 절차를 거치지 않으면 직원들 사이에서 불만과 반발이 쌓여 조직 내 갈등의 불씨가 될 수 있다.

그러나 현재 연봉제를 채택한 기업들 중에서도 일부는 여전히 기존 연공서열체계를 버리지 못하고, 능력과 상관 없는 학력 등을 잣대로 평가하거나 핵심인력을 배치하고 있다.

사원에서 과장까지 오르는 데 8년이 걸리는 한 연봉제 도입 회사에서 10명의 과장이 승진 대상이 됐다고 가정해보자. 하지만 10명 중 9명만 과장으로 모두 승진하고 1명만 누락했다. 만약 탈락한 한

명이 누가 봐도 결정적인 하자가 없는 사람이며 직무능력이나 업무수행에서 평균 이상 높은 점수를 받았다면 평가시스템을 불신하게 될 것이다.

이 회사는 연봉제를 도입했으나 기존 연공서열체계에 의존한 승진제도를 활용하고 있어 합리성과 공정성을 확보하지 못했다는 의심을 받게 된다. 성과평가제도를 도입한 만큼 모두를 승진시킬 수는 없고, 나이나 연차가 높은 다른 과장들을 우선 승진시키다 보니 나머지 한 명이 탁월한 점수를 받고도 희생된 것이다. 이처럼 직원들로부터 인사 평가에 대한 신뢰를 얻으려면 공정성과 합리성 외에도 채용에서부터 승진에 이르기까지 일관성이 있어야 한다.

또 직원들의 일하고자 하는 동기를 유발시키고 불만을 최소화하기 위해서는 단기성과보다 장기성과 평가지표를 도입하고 계량항목 외에도 품질 등 비계량 질적 항목들도 평가에 반영해야 한다. 일관성도 없는 인사체계를 갖다 놓고 단기 성과만 강조하는 회사에서는 장밋빛 미래를 꿈꾸기 어렵다.

용의 꼬리보다
닭의 머리가 낫다

각기 다른 직장에서 과장급인 10여 년 차 대학교 동창 셋이 한자리에 모였다. 이들은 그동안 불문율에 부치던 연봉을 한 번 열어보기로 했다.

A씨는 기본급은 상대적으로 적지만 연말 성과급이 기본급보다 많은 직장에 다니고 있다. B씨는 반대다. 두 번의 이직 끝에 기본급은 높은 편이지만 성과급이 적은 회사에 다니고 있다. 그는 능력이나 성과에 비해 연봉총액이 저은 게 늘 불만이다. C씨는 업무량도 적당하고 연봉도 중간 수준인 별다른 특징 없는 중견기업에 다니고 있다.

1년에 회사에서 받아가는 돈을 모두 합치면 A씨가 가장 많았다. 하지만 A씨는 이듬해 세금으로만 1,000만 원 이상을 반납해야 했다. 기본급을 적게 유지하면서 성과급 비중이 높으면 회사의 세稅 부담은 줄어드는 대신 근로자의 세 부담이 높아지기 때문이다. 결과적으로 세 사람이 노동의 대가로 회사에서 받아가는 금전적 보상은 생각보다 큰 차이가 나지 않는 것으로 드러났다.

직장인으로서 보수를 많이 받으면서 자신이 하고 싶은 일을 할 수 있는 것보다 큰 복福은 없다. 연봉과 회사 브랜드, 업무 등 모두에 대한 만족감을 주는 직장에 근무한다는 것은 현실적으로 쉽지 않다. 대기업이라고 해서 모두 연봉이 높거나 극도의 만족감을 주는 것도 아니며 중견, 소기업이나 생산직이라고 해서 업무량이 많거나 연봉이 매우 적은 것도 아니다.

청년 실업 100만 시대이지만 생산직과 중소기업에서는 젊은 노동자 구하기가 하늘의 별 따기처럼 어렵다. 젊은이들이 생산직을 외면하고 있어서다. 무역협회에 따르면 50대 이상 생산직 인구는 400만 명이 넘어 2000년보다 배 이상 늘어났다. 50대 이상 준고령 생산직 근로자가 전체 생산직에서 차지하는 비중은 50%에 가깝고 청년 비율은 10% 미만으로 떨어졌다.

직장의 선택, 마이웨이를 찾아 가라

극단적인 3가지 대안 중 어느 것을 선택할지 한 번 생각해보자.

첫째, 연봉 3,000만 원 수준의 중소기업 사무직으로 퇴근 시간이 일정하고 연봉 인상률은 낮지만 평생직장처럼 다닐 수 있는 편안함이 있으며 중요 업무를 맡아 경험도 쌓을 수 있다.

둘째, 중견기업으로 연봉은 3,400만 원 수준이며 종종 야근을 해야 하며 성과에 따른 연봉 인상률에 대한 기대치가 큰 반면 성과가 저조하면 퇴직의 압력도 높다.

셋째, 연봉 4,000만 원의 대기업 계약직 사무직원으로 대기업에 다닌다는 만족감을 주고 재계약 가능성도 크지만 직무의 중요도가 떨어지고 성과가 높더라도 연봉 상승과 승진을 기대하기 어렵다.

노동 효율 관점에서 보면 첫 번째 대안이 가장 이롭다고 볼 수 있다. 두 번째 대안은 퇴근 시간이 안정적이지 않고 고용 유지가 불안하다는 게 결정적인 단점이다.

셋째 대안은 중요 업무 경험을 쌓을 수도 없고, 연봉 인상과 승진을 기대하기 어렵기 때문에 장기적으로 보면 실질적으로 손해다. 업무와 보상 두 가지 모두에서 경쟁력을 갖출 수 없기 때문이다.

위 3가지 대안만 놓고 볼 때는 덩치 큰 대기업의 꼬리보다 작은 기업의 머리로 있는 것이 장기적으로 직장인에게 도움이 될 수 있다는 결론이 나온다. 실제 중소기업에서 경쟁력을 갖춘 후 대기업에 스카우트되는 성공사례는 심심치 않게 찾아볼 수 있다.

반대로 이런 선택을 하는 직장인두 있다.

40대 초반의 팀장급 부장 윤모 씨는 대기업에 다니다가 쉼 없는 노동강도를 이기지 못해 연봉을 40% 인상하고 중소기업으로 이직했다.

연봉도 높고 퇴근시간도 여유롭고 한가해졌으며, 업무에 대한 책임과 재량권도 훨씬 많이 주어줬다. 그러나 일에서 얻는 윤 씨의 만족도는 전 직장에 다닐 때보다 못했다. 그는 이미 강도 높은 노동에서 얻어진 성과와 대기업이라는 브랜드에 본인도 모르게 익숙해진 것이다. 결국 윤 씨는 전에 다니던 대기업으로 다시 돌아갔다.

이처럼 직장인 개개인이 직장과 일에서 어디에 더 많은 가중치를 두느냐에 따라 선택은 달라질 수 있다.

청년들이 가장 선호하는 직장은?

통계청이 2011년 말 조사한 결과 청년들이 가장 선호하는 직장은 국가기관(28.7%), 대기업(21.6%), 공기업 및 공사(15.6%) 순으로 나타났다. 그에 반해 중소기업 선호 비중은 2.3%에 불과해 자영업(9.8%)보다 낮았다.

고용노동부에 따르면 청년취업 스펙specification은 2002년 학벌, 학점, 토익, 어학연수, 자격증 등 5개에서 2012년 봉사, 인턴, 수상경력을 추가한 '8대 스펙'으로 늘어났다. 공모전 포털 '씽굿'과 취업·경력관리 포털 '스카우트'가 2040세대 대학생과 직장인 771명을 대상으로 조사한 결과 직업 선택할 때 고려하는 사안 1위로 '연봉'(33.3%)이 꼽혔다. 2위는 발전가능성(15.5%), 3위 희망분야(14.2%), 4위 직업안정성(12.9%), 5위 기업규모(9.0%), 6위 자기계발 (8.3%), 7위 복리혜택(6.3%) 등 순이다.

나는 시급 얼마짜리
노동자일까?

연봉제와 호봉제가 공존하는 중소기업의 정규직 10년차 사원 최모 씨.

입사 당시 고졸 대우로 입사해 10년이 지난 현재 월급은 가족수당을 포함해 230만 원으로 늘어났다. 같은 회사 2년 계약 사원의 월급은 156만 원이다.

최 씨는 최근에서야 시간외 근무 수당이 대졸 정규직 호봉제 동료보다 적은 것을 알게 됐다. 최 씨는 회사를 다니면서 대학을 졸업했지만, 학력을 반영해주지 않아 지금껏 고졸 사원 기준에 준한 연봉을 받고 있다.

근로기준법 제6조(균등한 처우)에서 사용자는 근로자에 대해 남녀의 성性을 이유로 차별적 대우를 하지 못하고, 국적·신앙 또는 사회적 신분을 이유로 근로조건에 대한 차별적 처우를 하지 못하도록 했다.

직장 내 처우의 차별 여부를 결정짓는 잣대는 합리적이냐 불합리적이냐에 대한 판단에 있다. 물론 우리나라에서 '합리적 차별'로 인정되는 사례가 몇 가지 있다. 신입사원 채용 때 군대를 다녀온 남자에게 가산점을 부여하는 건 '합리적 차별'로 인정하고 있다. 또 행정해석상 근속연수에 따라 상여금 지급률에 차등을 두는 것도 근로기준법에 위배되지 않는 것으로 본다. 즉 합리적이라는 것이다.

직무, 기능, 능률, 근무부서의 난이도에 따라 상여금, 학자금, 근속수당을 차등지급하는 것도 '합리적 차별'로 인정된다. 특히 상여금 지급에 대해선 근로기준법 상 별도로 정해둔 게 없기 때문에 사업주가 취업규칙이나 단체협약 등에 따라 근속연수에 따라 상여금 지급률을 차등화할 수 있다.

하지만 최 씨의 회사처럼 시간외수당을 차등화하는 것이 과연 합리적인지는 따져볼 필요가 있다. 만약 최 씨가 근무부서나 직무의 난이도에 따라 수당을 적게 받고 있다면 해석상 판단이 필요하지만, 단순히 고졸 연봉제 사원이기 때문에 대졸 호봉제 사원보다 시간외수당을 덜 받고 있다면 생각해볼 문제다.

이처럼 직장에서 학력뿐 아니라 성별, 나이 등 이유 없이 애매한 차별요소를 두는 사례는 너무 많아 일일이 나열하기가 어려울 정도다.

여전한 차별, 연봉제가 넘어야 할 산

성별과 학력에 따른 임금차별은 대표적이다.

국회 입법조사처가 2013년 발표한 '남녀 임금격차 현황과 개선과제' 보고서를 보면 우리나라 남녀 임금격차는 39.8%로 경제협력개발기구OECD 국가 중 가장 크며, 28개국 평균 15.8%의 배가 넘는다. 통계청과 한국은행이 공동 조사한 2012년 가계금융·복지조사 결과 여성 취업자의 개인 소득은 1,669만 원으로 남자 취업자 소득 3,638만 원의 절반에도 못 미쳤다.

학력 차별도 여전하다. 철저하게 능력별로 임금을 차등 지급하는 성과연동 연봉제 기업에서도 성과가 저조한 해외 경영전문대학원 MBA 출신 직원이 많은 성과를 내는 다른 동료보다 연봉을 더 받는 경우는 허다하다. 해외 MBA 출신에 부여된 가산점 덕분에 입사 당시 책정된 연봉 수준이 워낙 높아 대졸 출신 다른 동료들이 입사 후 아무리 많은 성과를 내 연봉을 끌어올려도 격차를 좁히기 어려운 것이다.

국내 A공기업은 2009년 신입사원 채용 때 1차 서류전형에서 전국 내 대학을 상·중·하로 나눠 점수를 차등 부여했으며 전문대학과 고졸 이하 학력자는 더 낮은 점수를 적용해 감사원으로부터 주의를 받았다. 이 때문에 전공, 어학, 학점 점수에서 만점을 받고도 서류전형에서 탈락한 응시자가 있었기 때문이다.

현행 고용정책기본법 상 사업주는 근로자를 모집·채용할 때 합리적인 이유 없이 성별, 신앙, 연령, 신체조건, 사회적 신분, 출신지역, 출신학교, 혼인·임신 또는 병력 등을 이유로 차별하지 말고 균등한 취업기회를 보장해야 한다.

나이에 대한 차별 사례도 있다. 국내 B공기업에 다니는 정년이 얼마 남지 않은 만 55세 한 직원은 회사가 연말 승진심사에서 55세 이상 직원을 승진 대상에서 제외하자 '이유 없는 차별'이라며 국가인권위원회에 진정을 냈다.

인권위는 2013년 10월 '연령뿐 아니라 근무경력, 학력, 직무수행능력, 관리능력 등을 종합적으로 평가하는 승진심사 절차가 이미 마련된 점을 고려할 때 나이를 이유로 승진 대상에서 제외한 것은 차별'이라며 합리적인 개선방안을 마련하라고 권고했다.

직장 내 차별에 대해선 수차례 경고와 권고가 있었음에도 눈에 띄게 개선되기는커녕 사회 내부적으로 더 당연시되고 있다. 실제 4년제 대졸 비非전문가와 고졸 전문가 간 임금격차는 더 커지고 있다.

한국은행이 2013년 발행한 경제분석 '학력과 전문성에 따른 임금격차 분석' 눈문을 보면 4년제 대졸 이상 비전문가와 고졸 전문가 간 시간당 임금 격차는 1993년 13.9%에서 외환위기 때 10.9%로 줄어들었다가 2010년 28.9%로 확대됐다.

대졸 비전문가와 고졸 전문가 간 업종별 임금격차 수준은 교육서비스업이 52%나 벌어졌고 제조업 21.9%, 건설업 18.6%, 금융·보험업 7% 등 순으로 나타났다. 또 대졸 이상 학력자의 시간당 임금은 고졸자보다 30% 이상 많다. 남성과 여성 간 시간당 임금격차도

2007년 21.7%에서 2010년 24%로 더 벌어졌다.

직원들의 사기저하와 동료 간 불화, 회사에 대한 불신 등 불협화음을 막기 위해선 무엇보다 대다수 직원들이 신뢰할 수 있는 합리적인 임금체계와 평가시스템 마련이 필수적이다.

외환위기 이후 직장에서 능력별로 임금이 책정되는 성과급제가 확산되면서 가뜩이나 '임금차등'이 당연시되고 있다. 이런 마당에 이유 없는 '차별'로 처우에 격차를 둔다면 어떤 직원이 회사를 위해 충성을 다해 일하겠는가.

납득할 만큼 정당한 이유와 합리성이 없는 처우 시스템을 갖춘 기업은 결국 직장 내부 갈등에 발목이 잡힐 수도 있다는 점을 명심해야 한다.

대졸과 고졸, 4년의 격차

INSIDE TIP

한국경영자총협회가 종업원 100명 이상 542개 기업을 대상으로 한 '2012년 임금조정 실태조사'에 따르면 고졸 생산직 월평균 초임은 평균 208만 4,000원으로 대졸 사원 초인 255만 4,000원의 81.6%를 차지했다. 고졸 사무직 초임은 187만 5,000원으로 대졸 초임의 73.4%에 불과했다. 전문대졸 사원의 초임은 223만 6,000원이다.

기업 규모별 대졸자 초임의 경우 1,000명 이상 대기업의 대졸 초임은 287만 1,000원으로 100명 이상 299명 이하 중소기업 대졸 초임 223만 5,000원보다 63만 6,000원 많다.

산업별 대졸 초임은 금융·보험업이 305만 6,000원으로 가장 많고, 운수창고·통신업이 260만 2,000원, 제조업 256만 7,000원, 도·소매업 253만 8,000원, 건설업 246만 5,000원 등으로 나타났다.

직급별 월평균 초임은 부장이 562만 8,000원, 과장 417만 4,000원, 대리 344만 1,000원 등 순이다.

선택은 순간,
후회는 오랫동안

국내 모 대기업 정규직 사원인 서 과장은 10년 전 대학 졸업과 함께 취업 준비에 여념이 없었다.

컵라면을 먹으며 선·후배들과 함께 대학 도서관에서 취업 준비에 몰두하면서 한 번도 안 될 거라는 생각은 하지 않았다. '반드시 된다'I Can Do!를 외치면서 말이다. 당시 서 과장은 졸업 후 1년 동안 학교에 머물면서 100통이 넘는 입사지원서를 썼지만 취업은 녹록치 않았다.

재수 끝에 대학에 들어간데다 졸업 후 1년 더 학교에서 취업 준비를 하다 보니 부모님과 가족에 대한 미안함이 커졌다. 조급한 마음이 들기 시작한 서 과장은 막 다른 골목에 도달했다는 생각에 한 기업의 비정규직 자리에 원서를 냈다. 나름 경쟁이 치열했으나 어렵사리 자리를 따내 취업에 성공했다. 사실 당시 그는 정규직과 비정규직의 차이를 잘 몰랐다.

서 과장은 그러나 비정규직으로 몸담고 있던 직장을 2년 만에 그만두고 취업전선에 뛰어들어 대학 졸업 때보다 치열하게 준비했다. 5개월 간 죽기 살기로 매진한 끝에 그는 모 대기업의 정규직 경력사원으로 입사해 지금까지 다니고 있다.

서 과장이 2년 만에 비정규직 직장을 때려치운 것은 보수와 승진 등 처우에서의 차별 때문이다. 하루 이틀 다닐 직장도 아닌데 비슷한 또래, 비슷한 학벌 등 조건의 정규직 사원들과 차별에서 견디기 어려웠던 것이다.

비정규직의 슬픔, 반토막 임금에 울다

비정규직의 형태는 간접고용과 일용직, 특수고용, 계약직 등 4가지로 이뤄진다.

계약직은 근로기간에 따라 한 달 일용직, 1년 임시직, 1년 이상 상용직 등으로 나뉘고 정년까지 계약을 맺는 무기 계약직도 있다. 국내 기업에서 계약직 직원들은 2년 기한으로 계약을 맺는 게 일반적이다. 기한을 늘리려면 정규직으로 채용해야 한다. 다만, 정년까지 계약직의 급여 수준으로 고용할 수 있는 무기 계약직은 정년은 보장되지만, 급여와 승진에서 정규직 사원과 차별된다는 단점이 있다.

정규직과 비정규직을 가르는 가장 큰 차이는 당연히 임금에 있다. 비정규직은 겉으로는 한 회사에 다니는 똑같은 사원이지만 성과급이나 복리후생 등에서 차별을 받는다. 2013년 인기리에 방영된 드라마 〈직장의 신〉에서 계약직 신입사원의 연봉은 1,200만 원인데 반해 정규직 신입사원의 연봉은 3,000만 원으로 계약직 신입의 배가 넘었다.

우리가 흔히 알고 있는 대졸 또는 석·박사 출신의 비정규직 노동자로는 대학에서 강의하는 시간제 강사와 보습학원의 강사가 있다. 교수를 꿈꾸는 대학 강사는 10년 넘게 국내외에서 공부한 뒤 교단에서 대학생을 가르치는 최고 지식계층 화이트칼라지만 노동관점에서 보자면 시간제 근로자에 불과하다.

정부가 2013년 공개한 172개 4년제 대학의 시간당 강사료는 평균 5만 1,000원으로 정부 가이드라인 7만 원에도 못 미쳤다. 정교수의 연봉은 평균 1억 원이 넘지만 시간 강사는 월 평균 급여가 100만~120만 원으로 4인가족 최저생계비인 154만 원보다 적다. 연간 1,500만 원도 못 버는 셈이다.

시간제 근로자는 보통 한 주에 36시간 미만 일하는 사람이 해당하며, 파견근로자는 파견 사업주가 고용해 사업장에 다시 파견(하청)하는 근로자를 말한다.

예를 들어 방송파견 전문회사라면 방송사 취업을 희망하는 사람들을 고용해 적당한 곳에 취업시킨다. 해당 방송사가 월급을 주지만 중간에 파견 회사가 일정 금액을 떼어가고 나머지가 근로자의 몫으로 돌아간다. 이런 근로자 하청은 유통, 조선, 건설, 자동차 등 제조업에서도 일반적이다.

용역근로자는 용역업체에 고용돼 용역업체와 용역계약을 맺은 다른 업체에서 근무하는 사람을 말한다. 청소용역이나 경비용역이 해당한다.

비정규직 근로자, 4인 가족 최저생계비도 못 벌어

근로형태가 다양하듯이 임금지급 형태도 천차만별이다. 매달 임금을 지급하는 월급제와 매년 계약을 맺어 매달 지급하는 연봉제, 시간별로 지급하는 시급제, 매일 일당을 계산해 주는 일당제, 주말마다 지급하는 주급제, 성과에 따라 지급하는 실적급제 등 다양하다.

통계청에 따르면 2013년 8월 기준 비정규직 근로자는 594만 6,000명. 임금근로자 중 비정규직 근로자 비중은 32.6%를 차지한다. 여자가 53.6%, 남자는 46.4%다. 한시적 근로자 343만 1,000명, 시간제 근로자 188만 3,000명, 파견 및 용역근로자가 포함된 비전형 근로자 221만 5,000명 등으로 집계됐다.

비정규직 근로자의 월평균 임금은 142만 8,000원으로 4인 가족 최저생계비보다 11만 8,000원 적다. 정규직 월평균 임금 254만 6,000원과 비교하면 무려 111만 8,000원이나 차이가 난다. 성별과 연령, 교육수준, 근속기간, 직업 등 모든 조건이 동일할 때 월평균 임금은 정규직이 250만 원으로 비정규직의 220만 원보다 11.8% 많은 것으로 조사됐다.

대기업에서 정규직과 비정규직 간 임금 격차는 최대 80% 가까이 벌어지는 것으로 조사됐다.

비정규직은 기업 입장에선 싼 임금(비용)으로 고급 인력을 얻을 수 있으면서 해고가 자유롭다는 장점이 있다. 반면 근로자 입장에서는 같은 일을 하면서도 임금은 덜 받고, 고용이 불안하다 보니 상사 눈치를 보면서 더 오랜 시간, 더 많은 업무를 하는 상황에 처하기 쉽다.

2007년 제정된 기간제법과 파견법에서 비정규직 차별적 처우의 정의는 '임금 그 밖의 근로조건 등에 있어서 합리적인 이유 없이 불리하게 처우하는 것'으로 애매모호하게 돼 있었다. 그러나 2013년 개정 법안은 비정규직 차별처우 금지대상을 근로기준법 상 임금, 정기지급 상여금, 경영성과에 따른 성과급, 그 밖의 근로조건 및 복리후생 등에 관한 사항으로 못 박았다. 이런 움직임을 고려해 2013년 한화 등 일부 대기업들은 계약직 직원을 정규직으로 전환해줬다.

3장

베일 속에 가려진
그들만의 연봉

신이 내린 직장,
고액연봉의 대기업들

입사 14년차 권 차장은 삼성그룹 계열사에 다닌다. 기본 연봉은 6천만 원 수준. 그러나 성과 연동 상여금을 1년 동안 총 3,000만 원을 받아 그가 최근 1년에 일한 대가로 회사로부터 받은 금액은 1억 원에 가깝다. 세금을 정산해야 하지만 권 차장이 회사로부터 받는 실수령액은 비슷한 연차의 친구들보다 많다.

권 차장의 경우 기본급은 상대적으로 많지 않더라도 성과급에 따라 총 수령액은 크게 불어날 수 있다. 연봉제 체계여서 가능한 것이다.

삼성그룹은 임직원들에게 상반기와 하반기 생산성 격려금인 PI를 등급별로 나눠 지급하며 1월 말에 별도로 초과이익분배금인 PS를 연봉의 최대 50%까지 주는 제도를 운영하고 있다. PIPS는 성과와 연동한 보너스라고 보면 된다. 연간 보너스가 웬만한 직장인의 연봉과 맞먹기도 한다.

드러난 것이 전부는 아니다

하지만 대학을 졸업하고 직장을 구하는 취업준비생이 기업별 초임만 보고 회사를 선택한다면 이런 차이를 알 수 없다. 실제 외부에 공개된 대졸 초임 수준은 실제 대가와 크게 다를 수 있기 때문이다. 물론 기본적인 연봉 수준이 높은 대기업은 상여금이 많지 않더라도 대체로 안정적인 고액 임금을 지급한다.

돈을 다루는 금융업종은 시대를 막론하고 고액 연봉 수준을 자랑한다. 여기에 대기업 직원들이 대체로 연봉에 대해 의견일치를 보는 원칙 중 하나는 '큰 제품을 만드는 기업의 기본적인 임금 수준이 높다'는 것이다. 예컨대 건물이나 배, 자동차 등 중장비와 같은 덩치 큰 제품을 만드는 기업이 호황 여부와 상관 없이 상대적으로 임금 수준이 높다는 인식이 깔려 있다. 실제 조선업종이나 건설업종, 반도체업종, 자동차업종 등 대기업들의 연봉은 높은 수준이다.

업종별 평균연봉은 2012년 기준 증권업이 8,000만 원대로 가장 높고 통신업종 7,400만 원대, 은행업종 7,000만 원대 등 업종이 빅3에 올랐다. 뒤를 이어 에너지 6,700만 원대, 조선·기계·설비 6,700만 원대, 공기업 6,900만 원대, 보험사 6,400만 원대, 석유화학과 여신금융 6,400만 원대, 자동차 6,300만 원대 등 순이다. 식음료와 유통업종은 4,000만 원대에 불과하다. 실제 초임 수준을 봐도 이런 원칙은 그대로 반영됐다.

그룹별로는 현대관련 그룹의 계열사들이 연봉을 많이 주는 기업들로 올라 있다. 주로 덩치 큰 제품을 만드는 자동차 회사와 조선사, 건설사 등 굴뚝 제조업체와 기름 만지는 정유사, 돈 다루는 금융회사 등 다양한 기업들을 계열사로 두고 있기 때문이다.

2013년 기준 대기업별 대졸 신입사원 초임 수준을 보자.

대졸 신입사원 연봉 상위권에는 조선업, 건설업, 은행업, 보험업, 증권업 등 업종 대표주자들이 올라 있다. 먼저 삼성중공업이 5,000만 원으로 가장 많다. 현대중공업과 현대미포조선이 4,800만 원으로 뒤를 이었으며, 현대건설과 GS건설 4,700만 원, 삼성물산과 두산중공업 4,650만 원, 대림산업과 신한은행, 외환은행, 동부화재해상보험, 현대증권 등 기업들 초임이 4,500만 원이다. 국민은행 4,400만 원, 우리은행 4,200만 원, 하나은행 4,200만 원 등 시중은행 연봉이 상대적으로 높은 수준이다. 현대오일뱅크와 포스코, 삼성엔지니어링, 현대자동차, 현대모비스, 삼성생명 등 대기업들이 4,200만~4,300만 원으로 뒤를 이었다.

특히 건설사들은 한 채 가격이 수억 원에 이르는 아파트와 대규모 플랜트 공사를 하기 때문에 기본적으로 임금 수준이 높은 편이다. 게다가 2008년 글로벌 금융위기 전후로 경쟁이 치열해지면서 고급인재를 끌어오기 위한 스카우트로 임금 수준이 상향 조정됐다.

상대적으로 삼성전자와 LG전자, 삼성SDI 등 대기업은 건설사보

대기업 대졸 신입사원 초임연봉 현황			
기업	초임연봉	기업	초임연봉
삼성중공업	5,000만 원	현대모비스	4,200만 원
현대중공업	4,800만 원	삼성생명보험	4,200만 원
현대미포조선	4,800만 원	우리은행	4,200만 원
현대건설	4,700만 원	하나은행	4,200만 원
GS건설	4,700만 원	호텔롯데	4,200만 원
대우인터내셔널	4,700만 원	GS칼텍스	4,150만 원
삼성물산	4,650만 원	삼성전자	4,000만 원
두산중공업	4,650만 원	LG전자	4,000만 원
신한은행	4,500만 원	기아자동차	4,000만 원
한국외환은행	4,500만 원	삼성SDI	4,000만 원
동부화재해상보험	4,500만 원	농협은행	4,000만 원
대림산업	4,500만 원	기업은행	4,000만 원
현대증권	4,500만 원	현대위아	3,970만 원
국민은행	4,400만 원	현대제철	3,900만 원
현대오일뱅크	4,300만 원	현대엠코	3,800만 원
POSCO	4,250만 원	현대하이스코	3,770만 원
삼성엔지니어링	4,230만 원	LG디스플레이	3,700만 원
현대자동차	4,200만 원	제일기획	3,500만 원

(자료 : 2013년 기준. 각사 제공)

다 못한 4,000만 원 수준에 그쳤다. 하지만 성과금 등을 포함하면 연간 총액은 훨씬 불어난다.

그러나 이는 각 회사가 밝힌 초임연봉 수준에 불과하다. 성과급 등으로 실제 입사 후 수령액은 크게 달라질 수 있음을 명심해야 한다.

같은 업종, 같은 그룹이라도
연봉은 천차만별

건설사나 시중은행, 증권회사 등 일부 업종 내 기업들의 과장이나 차장급 홍보담당자들은 매달 또는 격월로 만나 친분을 다진다. 이들은 늘 즐거운 술자리에서 언론사를 상대하면서 느끼는 피곤함도 풀고 업황의 공통 화제를 나누면서 동료 의식을 다진다.

그러나 일상으로 돌아가면 경쟁자이며 서로 다른 처지임을 실감하게 된다고 한다. 동종 업계 내에서 한솥밥을 먹고 있지만, 노동자 본연의 자세로 돌아가서 계산기를 두드려보면 같은 업종 내에서도 회사 위상과 각 개인의 연봉 수준의 차이에서 오는 거리감이 존재하기 때문이다. 차이가 있음을 느끼는 순간 따뜻한 동료애가 딱딱한 경쟁의식으로 바뀌는 건 피할 수 없다.

들어가 보지 않으면 모른다, 대기업 연봉의 숨겨진 비밀

동종업계 기업 간에, 같은 그룹 내 계열사 간 연봉 수준은 모두가 다르다. 증권사 연봉이 높다, 건설사가 돈 많이 준다, S그룹·H그룹이 연봉이 높다 등 단순 생각만으로 취업전선에 나섰다가는 낭패를 보기 쉽다.

먼저 건설업계를 보자. 대체로 대형 건설사와 그룹계열 건설사의 연봉 수준이 상대적으로 높다. 시공능력평가순위 상위 10위권 내 건설사들은 대졸 초임 기준(성과급 제외) 4,000만 원대에 몰려 있다. 11~30위권에 있는 중견 건설사들은 대체로 3,000만 원대 후반 수준이며 30위권 밖 소형 건설사들은 더 적다.

중견과 소형 건설사 중에서도 대기업그룹 계열사의 연봉 수준이 상대적으로 높은 편이다. 그렇지 않은 대다수 건설사 직원들은 상대적으로 적은 연봉을 받고 있다. 또 건설 현장 근로자의 연봉은 본사 근로자보다 보통 300~400만 원 정도 많다.

고액연봉 업종으로 알려진 증권업계도 연봉 수준은 회사마다 차이가 있다. 많이 주는 회사와 그렇지 않은 회사 간의 연봉 수준이 수천만 원씩 벌어지는 곳들도 있다.

직원 1인 평균연봉은 대기업그룹 계열이나 금융지주회사 자회사 등 든든한 백이 있는 증권사들이 8,000만 원대에서 1억 원대까지 넓게 퍼져있으며, 회사별로 수천만 원 이상 차이가 나기도 한다. 시중은행 대졸 초임은 4천만 원대 초중반에 걸쳐 있다. 신한은행과 외환은행, 국민은행, 하나은행, 우리은행, 농협은행 등 순으로 많고 최고와 최저 간 격차는 500만 원 정도 벌어진다.

연간 500만 원이면 월 40만 원 수준이어서 큰 차이가 나지 않는다고 대범하게 생각할 수도 있다. 그러나 500만 원의 격차가 10년간 유지된다고 가정하면 이야기는 달라진다. 여기에 같은 은행을 다니고 같은 연차의 직원끼리도 성과급에 따라 연봉은 더 큰 폭으로 벌어진다.

같은 그룹 내에서도 계열사들의 기본 연봉은 조금씩 다르다. 삼성전자와 삼성SDI, 삼성SDS 등 전자관련 계열사들의 대졸 초임은 4,000만 원 초반 수준으로 건설·상사업종 계열사인 삼성물산보다 600만 원 이상 적다. 그렇지만 성과급과 수당 등을 포함한 연봉은 전자 등 계열사들이 많은 편이다.

현대차그룹 계열사 직원들도 같은 그룹에 속해 있지만 일한 대가에서는 다른 대접을 받는다. 현대자동차와 현대모비스 등 계열사들의 신입사원 기본연봉이 현대제철과 현대로템, 현대엠코 등 계열사보다 최고 400만 원 이상 많다. 기아자동차 신입사원 연봉은 현대차와 현대모비스보다 200만 원 정도 적다.

직원 1인당 평균연봉은 2012년 기준 현대차, 기아차, 현대모비스 등 계열사가 8,300만~9,400만 원 수준으로 많다. 현대제철 7,900만 원, 현대위아 6,900만 원, 현대글로비스 6,200만 원 등으로 차이가 난다.

개인의 성과에 따라 천차만별인 직급별 연봉 수준도 대체로 계열사마다 다르다. 삼성그룹 계열사들의 과장급 연봉은 삼성물산, 삼성SDS, 삼성전자, 삼성SDI 등 순으로 많은 것으로 알려졌다. 연봉 수준은 최저 4,600만 원에서 최고 5,700만 원으로 1,000만 원 가까이 벌어지고 계열사마다 차등화된다.

차장급 연봉은 삼성SDS, 삼성전자, 삼성물산, 삼성SDI 등 순이다. 6,000만~7,000만 원대로 역시 계열사별로 최고 1,000만 원 차이가 난다. 물론 이런 연봉은 일률적이지 않고 연말 성과급과 개인의 능력에 따라 차등화된다.

억대연봉
은행원들의 세계

돈을 많이 번다는 이유로 여론의 뭇매를 맞는 직업을 꼽으라면 '은행원'이 다섯 손가락 안에 들 것이다. 그러나 샐러리맨salaried man 은행원들은 세금을 내지 않아 질타를 받는 개인사업자 의사·변호사와 함께 '돈 많이 버는 죄'로 엮여 문초를 당하는 건 억울하다고 호소한다.

초등학생만 되면 꼬깃꼬깃 모은 용돈을 들고 달려가는 은행은 전 국민에게 친숙한 곳이다. 과장해서 얘기하자면 은행은 신생아부터 사망 직전에 있는 사람까지 모든 국민을 고객으로 두고 있고 '돈' 자체를 다루는 직종이다 보니 돈도 많이 벌고 직원들 처우도 최상급이다. 우리나라에 은행원은 약 13만 5,000명으로 국민 300~400명 중 1명꼴로 은행에 다니고 있는 셈이다.

주요 은행의 신입행원 초봉							
은행	국민	신한	우리	하나	외환	농협	기업
연봉	4,400만 원	4,500만 원	4,200만 원	4,200만 원	4,500만 원	4,000만 원	4,000만 원

(자료 : 2013년 기준. 각사 제공)

그렇다면 고액연봉을 받는 은행원들의 수준은 실제로 어떤 것인지 한 번 따져보자.

은행원의 초봉(세전)은 4,000만 원대 수준에서 책정됐다. 2012년 기준 시중은행의 대졸·공채·남성(병역필) 정규직 은행원의 연봉 톱은 외환은행으로, 신입행원의 연봉이 4,500만 원으로 나타났다. 신한은행의 신입행원 연봉도 4,500만 원이지만 근소한 차이가 있다. 외환은행은 4,500만 원에서 20만~30만 원을 더 많고, 신한은행은 20만~30만 원 더 적다.

국민은행 신입행원의 초봉도 4,400만 원으로 비슷한 수준이다. 하나은행과 우리은행이 4,200만 원씩, 농협은행과 기업은행 신입행원 초봉이 4,000만 원으로 시중은행 중 가장 적다.

행원들, 입행 동기라도 연봉은 딜라

그렇다면 초봉을 4,000만~4,500만 원 받고 들어온 은행원은 얼마나 직장생활을 해야 억대연봉자가 될까. 이 역시 승진 속도, 인사고과 점수, 경영 성과 등에 따라 조금씩 다르다.

은행권에서 비교적 빨리 억대연봉을 찍은 외환은행 강모(42) 차장의 예를 들어 보자. 그는 입행 14년 만에 억대연봉의 반열에 올랐다. 일반적으로는 은행에 들어가서 15~16년이 지나면 억대연봉을 받게 된다.

성과급 등 일부 연봉제를 도입하긴 했지만 은행에선 여전히 행원(계장)−대리−과장−차장−부장−임원(본부장, 상무, 부행장, 전무 등) 직급체계가 유지되고 있다. 보통 대리, 과장, 차장으로 승진하는 데 5년씩 걸린다. 입행 동기들과 비슷하게 승진하면서 큰 사고를 치지 않고 무난하게 지내면 차장 2~3년차에 억대연봉을 받을 수 있다. 군필남성 기준이니 40대 중반쯤 되겠다.

앞서 언급했듯 같은 은행의 입행 동기라도 연봉은 저마다 다를 수 있다. 승진 속도는 보수적인 은행 조직의 특성상 큰 차이가 나지 않는다. 빨라야 1~2년이다. 같은 조건이라면 웬만해선 동기보다 크게 뒤처지지도, 앞서지도 않는다. 이와 달리 어디에 근무하느냐는 은행원의 연봉에 적지 않은 차이가 나게 한다. 인사고과의 체계가 달리 적용되기 때문이다.

은행들의 인사고과는 대기업들과 비슷하다. S−A−B−C−D의 다섯 등급이다. S나 D를 받는 경우는 매우 드물다. 일반 은행원으로서 하는 업무라는 게 대동소이하기 때문이기도 하고 성과 평가제도가 도입된 지 얼마 되지 않아 대부분 A~C에 몰렸다. 이 중 중간등급인 B등급을 기준으로 S는 성과급(통상임금의 300%)을 20% 더 받고 D는 20% 덜 받는다.

은행원과 지점장, 일등과 꼴등의 차이		
구분	10년차 은행원	지점장
상·하반기 연속 S등급	7,800만 원(기본급 6,000만 원, 성과급 1,500만 원+300만 원)	1억 2,000만 원(기본급 8,000만 원, 성과급 3,000만 원+1,000만 원)
상·하반기 연속 D등급	7,200만 원(기본급 6,000만 원, 성과급 1,500만 원-300만 원)	1억 원(기본급 8,000만 원, 성과급 3,000만 원-1,000만 원)
연봉 차이	600만 원	2,000만 원

연봉이 7,500만 원이라면 6,000만 원이 기본급, 1,500만 원이 B 등급이 받는 성과급인 셈이다. S등급을 받으면 1,500만 원의 20%, 즉 300만 원을 더 받아 연봉은 7,800만 원이 된다. D등급은 300만 원 적은 7,200만 원이다. 600만 원의 차이가 나는 셈이다. 이쯤 되면 은행 간 연봉 격차는 거의 의미가 없다.

은행은 본점 근무자에게 무조건 B등급을 준다. 반면 지점 근무 자는 S~D등급이 상대평가로 매겨진다. 지점장의 평가는 더 혹독 하다. S등급을 받은 지점장의 성과급은 D등급을 받은 지점장 성과 급의 2배 가까이 된다. 상·하반기 연속 S등급을 받은 지점장 성과 급이 상·하반기 연속 D등급에 머무른 지점장 성과급보다 금액으 로 따지면 약 2,000민 원 많다.

근무연한 탓일 수도 있지만, 남성 은행원은 지점장이 되면 머리 숱이 급격하게 줄어든다고 한다. 지점, 즉 영업점이야말로 은행에 돈을 벌어다주는 조직이기 때문이다. 은행원들이 왜 고객에게 자 꾸 신용카드며 보험가입을 권하는지 이해가 되는 대목이다. 영업

실적은 당장 올해 자신의 연봉에서 약 5~10%를 더 받느냐 덜 받느냐를 좌우할 뿐 아니라 이런 실적이 쌓여 승진에도 영향을 주기 때문이다.

은행원도 울고 갈
2금융권의 고액연봉자들

덩치 큰 은행만이 온전한 금융회사라고 생각하면 오산이다. 보험회사, 증권회사, 신용카드회사, 할부금융회사, 저축은행 등 '돈'과 관련된 다양한 금융 업무를 다루는 2금융권 금융회사들이 훨씬 많다.

2금융권이란 금융의 기본업무인 예금과 대출(여신업무) 외 보험이나 증권, 카드 등 다른 업무를 취급하는 나머지 금융회사들을 말한다. 1금융권인 시중은행과 2금융권 금융회사들은 취급하는 업무가 다르다는 것 외에도 '금리'를 보면 쉽게 구별된다.

2금융권 금융회사들은 시중은행보다 대출 등 금리가 높다. 돈이 필요한데 은행 대출을 더 끌어다 쓰기 어렵고 신용도도 낮은 사람이 높은 이자를 감수하고 문을 두드리는 곳이기도 하다.

2금융권, 최고 대우의 억대 연봉자가 수두룩

모르는 사람들은 번듯해 보이는 '은행원'이 돈을 많이 버는 것처럼 생각하지만 실제로는 그렇지 않다.

2금융권 금융회사 직원들은 시대와 업종을 불문하고 최고 대우를 받는다. 다만 은행은 고용이 안정적이라는 장점이 있지만, 2금융권은 시대와 정부 정책에 따라 흥하고 망하는 등 부침이 심하다 보니 일부 업종의 고용 안정성이 떨어지는 게 '흠'이다.

2002~2003년 우리나라 대학가 경상계열 학과의 취업 준비생들에게 최고의 인기를 누린 건 지금은 종족을 감춘 '종금회사들'이었다. 당시 종금사들의 대졸 초임은 3,500만 원으로 가장 잘 나가던 대기업의 배가 넘었다. 2011~2012년 '저축은행 사태'가 나기 전에는 저축은행들이 금융업계를 호령했다. 2010년 A저축은행(폐업) 입사 10년차 과장급 연 수입이 1억 원을 넘을 정도였다. '황금알을 낳는 거위'로 여겨지던 부동산 프로젝트파이낸싱PF 분야에 있던 직원은 실적에 따라 2억~3억 원도 챙겼다. 당시 저축은행 PF 사업은 팀제로 운영되면서 프로젝트가 '대박'을 내면서 팀원들이 어마어마한 성과급을 챙겼다.

저축은행의 PF 신화는 무너졌지만, 2금융권에는 여전히 억대 연봉자가 수두룩하다. 과거 '보험 아줌마'로 기억되던 보험사들이 꿈의 억대연봉 직업군으로 꼽힌다.

보험업계의 연봉이 높은 건 안정적인 고수익과 실적에 따른 성과

대형 보험회사 평균연봉					
회사	삼성화재	현대해상	LIG손보	한화생명	삼성생명
연봉	1억 715만 원	1억 300만 원	9,800만 원	9,700만 원	9,500만 원

(자료 : 2012년. 각 금융사. 남성 기준)

중심 업종의 특성 때문이기도 하지만 당국의 견제와 감시를 받는 은행권에 비해 상대적으로 '감시의 눈길'이 덜한 측면도 있다. 비교적 규모가 큰 대형 보험회사 직원의 연봉은 웬만한 은행원도 '울고 갈 정도'다.

삼성·한화·교보 등 생명보험사와 삼성·현대·LIG·메리츠 등 손해보험사의 직원 연봉은 은행원보다 높다. 금융감독원에 따르면 2012년 직원 평균연봉(남자 기준)은 삼성화재가 1억 715만 원으로 가장 많다. 삼성그룹의 성과급 제도에 따라 초과이익분배금PS과 생산성 격려금PI 등 성과급을 받기 때문에 다른 금융회사와 수평비교 자체가 불가능하다.

15년차 직원 기준 억대 연봉자는 은행원은 일부일 뿐이지만, 삼성화재 직원은 대다수가 포함된다. 업계 2위 현대해상 직원 연봉도 평균 1억 300만 원으로 1억 원이 넘고, LIG손보와 메리츠화재도 각각 9,800만 원과 7,900만 원으로 고액연봉군에 속한다. 생명보험사 중에선 한화생명(옛 대한생명)과 삼성생명의 평균연봉이 각각 9,700만 원, 9,500만 원으로 '억대'에 근접했다.

보험사의 직급 체계는 기본적으로 은행과 비슷하다.

한화생명은 입사 직후 직급(G1)에서 대리급(G2), 과장급(G3), 차장급(G4) 등으로 올라간다. 정해진 승진 연한이 없는 대신 '승진 포인트' 제도를 도입, 인사 고과에서 누적된 포인트가 모두 차면 상위 직급으로 올라가는 식이다. 그러나 역시 큰 문제만 없다면 일반적으로 5년차에는 G2, 10년차에는 G3, 15년차에는 G4의 직급을 기대할 수 있다. 반면 직급 체계와 승진 연한이 남아있는 LIG손보는 사원(3년 반), 대리(4년), 과장(5년), 차장(4년), 부장 직무대리(2년) 등으로 운영된다.

아직 설익은 연봉제를 운영하고 있는 보험업계에도 성과에 따른 보상 차등화가 서서히 확산되는 추세다. 한 대형 손보사는 입사 12년차 과장급 연봉이 약 8,000만 원인데, 'S-A-B-C-D' 5단계로 매겨지는 인사고과에 따라 최대 800만 원(연봉의 약 10%)의 급여 차이가 발생한다.

카드·할부금융 등 여신전문금융업계도 상위권 회사의 연봉이 시중은행이나 대형 보험사와 맞먹는다. 대표적으로 신한카드, 현대카드·현대캐피탈, 삼성카드가 고액연봉 회사로 꼽힌다. 업계 1위인 신한카드는 신한금융그룹 내에서 계열사인 신한은행 못지않은 이익을 내는 '캐시카우'로 통하는 만큼 연봉도 은행권 1위인 신한은행과 비슷한 수준에 맞춰진다. 업계 2·3위를 다투는 현대카드와 삼성카드도 마찬가지다. 현대카드는 초봉이 4,000만 원을 넘어 웬만한 은행이나 대형 보험사보다 많은 것으로 알려져 있다.

연봉제의 꽃, 증권가의 세계

'연봉제의 꽃'이라면 뭐니 뭐니 해도 증권회사가 그 정점에 있다.

2003~2004년쯤이다. 한 증권사의 리서치센터장(상무급 임원)은 연일 언론에 오르내릴 정도로 인기를 누렸다. 업계 최고 수준에 달하는 연봉을 받으면서 직장 안팎에서 잘 나가던 그는 당시 '부의 상징'으로 여겨지던 강남 도곡동 한 주상복합아파트에서 산다고 거리낌 없이 얘기하곤 했다. 주변 사람들도 "잘 나가는 증권사 임원은 그 정도 수준은 되는가 보다"라고 당연하게 받아들였다. 그런데 그는 그곳에서 수억 원대의 전세로 살고 있다는 사실도 솔직하게 털어놨다. 지금은 집값 하락을 우려해 주택 매입을 꺼리는 분위기이지만 당시만 해도 꽤 안정적인 생활로 접어든 임원급 회사원이라면 내 집 마련은 기본으로 여기던 때였다. 왜 집을 사지 않고 그런 비싼 곳에서 전세살이를 하느냐 라는 질문에 그는 "내 집이 아닐지언정 폼은 나지 않느냐"고 말하곤 했다. 그만큼 애널리스트나 펀드매니저들은 전 세계적으로 외견상 '돈 많이 법니다'라는 고액연봉자의 상징으로 군림한다.

2012년 기준 지원 1인 평균연봉은 IM투자증권이 1억 4,600만 원으로 억대로 나타났다. KB투자증권, NH농협증권, KTB투자증권, 메리츠종금증권 등 증권사들도 9,000만~9,600만 원으로 억대에 가깝다. 우리투자증권과 한국투자증권, 삼성증권, 대우증권 등 대형 증권사들은 8,100만~8,300만 원 수준이다.

등기임원 1인당 평균연봉은 메리츠종금증권이 11억 2,200만 원에 달했다. 현대증권 10억 8,000만 원, 미래에셋증권 9억 400만 원, 삼성증권 7억 7,600만 원, 유진투자증권 7억 원 등 순이다. HMC투자증권과 한국투자증권, 키움증권 등 임원들도 평균연봉 6억 원 이상씩을 챙긴다.

물오른 연봉제, 철새 애널리스트·펀드매니저 전성시대

주식시장이 호황일 때는 증권사 영업직원들은 주식중개 영업으로 한 달에만 억대를 버는 경우도 허다하다. 더불어 성과연동 연봉제와 계약제 등 제도가 가장 활성화한 분야는 바로 애널리스트와 펀드매니저들의 세계다.

대다수 증권회사 리서치센터에는 정규직 애널리스트와 계약직 애널리스트가 공존한다. 매년 성과를 토대로 고액연봉 계약을 맺을지, 고용보장이 되는 정규사원이 될지는 애널리스트 본인이 선택한다. 고액연봉을 받기 위해 본인이 자발적으로 비정규직을 선택한 증권사의 애널리스트들은 다른 업종의 비정규 계약직 직원들과는 기본적으로 다르다.

잘 나가는 일부 스타 애널리스트들의 연봉은 수억 원대, 증시 활황기 때는 최고 수십억 원에 이른다. 이들은 능력 있고 잘 나갈 때 바짝 벌어야 한다는 생각에 연봉계약제를 선택하는 것이다. 프로야구 선수들의 '스토브리그'stove league(스카우트 열전이나 연봉협상)와 같다고 보면 된다. 이는 자산운용회사(펀드를 운용해주고 보수를 받는 회사)의 펀드매니저들도 비슷하다. 능력 있는 애널리스트와 펀드매니저들은 한 해 억대 연봉을 벌지만 그렇지 못한 사람은 몇천만 원을 가져가는 데 그친다.

그러나 잘 가나는 시절이 어떻게 영원할 수 있겠는가. 이들은 '철새'라는 별명이 붙을 정도로 한 곳에 머무르는 기간이 짧다. 2013년 3월 말 현재 재직근로자 기준으로 전체 직원의 평균 근로연수가 10년이 넘는 증권사는 한 곳도 없다.

증권사의 평균 근로연수는 신한금융투자가 9.8년으로 가장 길고 현대증권과 대신증권, 한국투자증권, 대우증권 등 주요 대형 증권사들도 9년에서 9.6년에 불과하다. 많이 버는 이들은 고용 안정성이 떨어지고 노동강도와 업무 스트레스 또한 많다는 게 단점이다.

'신'도 부러워하는
임원의 연봉

기업에서 임원의 세계로 들어가는 것은 말 그대로 '별을 다는 것'과 같다. 연봉은 기하급수적으로 뛰고 골프회원권과 법인카드, 승용차 등을 받아 풍요롭고 질 높은 삶을 유지할 수 있게 된다.

20대 그룹의 비금융 상장회사 136개의 등기임원 1인당 평균 연봉은 2012년 기준 12억 2,767만 원으로 조사됐다. 회사별 등기임원의 평균연봉은 삼성전자가 52억 원으로 가장 많고 SK 51억 8,000만원, SK이노베이션 41억 원, 삼성중공업 36억 8,000만 원, CJ제일제당 31억 8,000만 원 등 순으로 나타났다.

LG그룹은 부장에서 상무로 승진하면 연봉이 100% 인상된다. 임원 승진에 실패한 부장과 연봉 격차가 배로 벌어지는 것이다. 전 임원에게 골프회원권을 주고 법인카드도 제공하면서 항공출장 시 비즈니스클래스도 이용 가능하다. 또한 상무에게는 성과급 부여폭을 확대해 성과가 좋으면 훨씬 많은 성과급을 받도록 했다. 차량 지원은 상무 3,000cc급 이하, 전무 3,500cc급, 부사장 4,000cc급, 사장 5,000cc급 차량을 각각 배정받는다.

삼성 역시 상무로 승진하는 순간부터 신분이 달라진다. 상무에게는 3,000cc 이하급 승용차가 지원되고 기름값, 보험료 등 유지비도 회사가 부담한다. 대외업무에 종사하는 상무에게는 골프회원권도 준다. 연봉도 크게 올라 초임 상무는 기본급 기준으로 1억 5,000만 원 이상을 받는다. 여기에 연봉의 최고 50%까지 주어지는 초과이익 분배금PS을 더하면 2억 원을 가볍게 넘는다.

달콤함의 유혹, 성과 부담에 떠는 별들

그러나 '별'을 단 임원들에게 이처럼 신분상승의 달콤함만 주어지는 것은 아니다. 임원들은 성과를 내야 한다는 부담감에 시달리게 되고 1년 단위로 이루어지는 재계약에 실패하면 회사를 떠나야 한다. 드물기는 하지만 실제로 상무 승진 1~2년 만에 회사를 떠나는 경우도 있다. 또 회사마다 차이가 있지만 전무로 승진하기 위한 6~7년의 상무 시절을 보내고도 승진 통보가 없으면 거취를 고민해야 한다. 화려한 외견과는 달리 '임시직, 계약직'이라는 자조적인 말을 달고 사는 이유가 여기에 있다.

금융권도 마찬가지다. 임원 연봉은 고정급과 성과급으로 구성된다. 고정급은 실적과 무관하게 받는 기본급, 직급수당, 업무수당, 활동수당(업무추진비) 등이다. 성과급은 1년간의 성과를 반영해 이사회 의결로 지급한다. 실적이 좋을 때는 성과급이 고정급의 몇 배에 달하는 경우가 허다해 임원의 연봉은 딱 얼마라고 단정하기 어렵다. 일반적으로 임원(본부장, 상무)이 되면 부장급 연봉의 2배, 고위 임원(부행장, 전무)이 되면 3배를 받는다. A시중은행의 경우 2012년 기준 본부장이 4억 원, 부행장이 5억 7,000만 원을 각각 세전 연봉으로 받았다.

금융권 임원의 고정급·성과급 비중은 회사마다 제각각이지만, 업권별로 구성 방식은 비슷하다. 은행 임원은 고정급 비중이 30%에 불과해 나머지 70%를 성과급으로 받는다. 성과급도 절반은 임기 내 받는 단기성과급, 나머지 절반은 퇴임 후 받는 장기성과급이다. 성과급을 장·단기로 나눈 이유는 단기적인 성과에 집착하기 쉬운 임원의 속성을 고려한 것이다.

이와 반대로 보험사와 증권사 임원은 고정급의 비중이 약 60%에 달한다. 성과급으로 받는 나머지 40%는 대부분 단기성과급이다. 은행, 보험, 증권 등을 계열사로 둔 금융지주사 임원은 고정급이 35%, 단기성과급이 38%, 장기성과급이 27%로 거의 1:1:1의 비율이다.

입 벌어지는 금융권 CEO의 연봉

금융권 최고경영자CEO의 연봉은 그야말로 입이 떡 벌어지는 수준이다.

금융감독원이 조사한 65개 금융회사의 CEO 평균연봉은 2012년 기준으로 10억~15억 원이다. 은행장이 10억 원, 증권사 사장이 11억 원, 보험사 사장이 10억 원, 금융지주 회장이 15억 원이다. 그러나 이는 어디까지나 평균연봉이다. 금융지주 회장끼리는 약 9배, 은행장끼리는 10배, 보험사 사장끼리는 23배까지 연봉 차이가 났다. 연봉이 10억 원을 넘는 금융회사의 CEO 연봉과 일반 직원의 평균연봉을 비교하면 금융지주 회장은 22배, 은행장은 23.5배, 증권사 사장은 20배, 보험사 사장은 26배를 받았다.

2012년 기준 은행장의 연봉(기본급과 성과급)은 5억~9억 원에 이른다. 국민은행장이 9억 원대, 씨티은행장과 신한은행장은 8억 원대, 우리·하나·외환은행장은 6억 원대, 기업은행장은 5억 원대 수준으로 차등화됐다.

재벌 오너가 아니면서 초고액 연봉을 번 CEO들도 적지 않다. 조성호 전 메리츠금융지주 회장은 2012년 한 해 연봉이 89억 원으로 책정돼 하루에 2천 440만 원씩 벌었다. 웬만한 중견기업 신입사원의 한 해 연봉에 해당하는 어마어마한 '일당'이다. KB금융지주와 우리금융지주, 신한금융지주, 하나금융지주 등 '4대 금융지주'의 회장 연봉은 고정급과 장·단기성과급을 합쳐 30억~40억 원에 달한다.

CEO 평균연봉과 연봉구성				
	금융지주	은행	보험사	증권사
고정급	35%	30%	60%	60%
단기성과급	38%	35%	40%	40%
장기성과급	27%	35%		
평균연봉	15억 원	10억 원	10억 원	11억 원

(자료 : 2012년. 각 금융사. 남성 기준)

　박종원 전 코리안리 사장은 고정급으로만 27억 원을 챙겼다. 그는 사장직에서 물러나면서 특별퇴직금으로 173억 원을 받았다. 17년간 사장직을 유지하면서 받은 연봉까지 합치면 그는 단순한 CEO를 넘어 수백억 원대의 자산가 반열에 이름을 올릴 만하다. 김승유 전 하나금융 회장은 회장직에서 물러나면서 35억 원의 퇴직금을 받았고 김종열 전 하나금융 사장도 20억 원을 퇴직금으로 받고 회사를 떠났다.

신입사원에서 CEO까지, 샐러리맨 신화의 주인공들

샐러리맨의 꿈은 무엇일까? 연봉(월급) 많이 주는 회사에 취직해 행복한 가정을 꾸리고, 토끼 같은 자식 낳고 집 장만해 사는 게 보통 샐러리맨의 소박한 바람이지 않을까. 물론 가족체계가 다양화되고 경기가 장기 침체에 빠진 현 시대에선 4인 가족 만들기나 집 장만이 절대 다수 샐러리맨의 꿈은 아니다. 하지만 대체로 취직과 함께 안정적인 삶을 유지하겠다는 건 샐러리맨이 공통적으로 갖는 바람일 것이나.

과거와 현재를 막론하고 대졸 신입사원 공개채용 때든, 경력사원 채용 때든 "나는 최고경영자CEO가 되겠다"라는 목표를 갖고 입사하는 샐러리맨은 단언컨대 한 명도 없을 것이다.

신입사원에서 최고경영자_{CEO}가 되다

하지만 이처럼 꿈꾸기 어려운 목표가 현실이 되기도 한다. 오너 일가가 아닌 일반 사원으로 회사에 입사해 CEO가 된 신화적인 행운아들이 적지 않기 때문이다.

박진수 LG화학 부회장은 그룹 공채 신입사원 출신으로 부회장까지 오른 인물이다. 최고경영자_{CEO} 승진 1년 만인 2013년 말 부회장으로 발탁됐다. 1977년 서울대 화학공학과를 졸업하고 당시 ㈜럭키 공채사원으로 입사한 그는 엔지니어로 20년 가까이 현장에서 풍부한 경험을 쌓은 것 외에도 재무에 밝고 뛰어난 소통 능력 덕분에 공채 출신 CEO의 영광을 안았다.

김경배 현대글로비스 사장은 1990년 현대정공에 입사해 19년 만인 2009년 현대글로비스 부사장(대표이사)에 발탁됐고 2012년 사장에 올라 현대차그룹 최연소 사장이 됐다.

장원기 삼성전자 사장(중국담당)은 1981년 26세에 삼성전자에 입사해 23년 만인 2004년 에스엘시디 사장에 올랐고, 안승권 LG전자 사장은 25년 만인 2007년 말 LG전자 사장(MC사업본부)으로 승진했다.

첫 직장이 아닌 이직한 직장에서 CEO 자리를 꿰찬 사례도 많다. 권오현 삼성전자 부회장은 한국전자통신연구소 연구원으로 일하다 1985년 미국 삼성반도체연구소에 입사했다. 1991년 이사에서 2004년 사장직, 2012년 대표이사 부회장에 올랐다.

장수長壽 CEO도 있다. 이수빈 삼성생명 회장은 1965년 26세에 삼성그룹에 입사해 13년 만인 39세에 최연소 사장 자리에 올랐다. 이건희 회장의 고등학교 선배라는 특별한 인연으로 이 회장은 삼성그룹에 몸담은 48년 동안 35년을 CEO로 재직하고 있다.

차석용 LG생활건강 부회장은 2005년 1월부터 10년 장수 CEO로 자리를 지키고 있다. 그룹 공채 출신이 아닌 그는 2011년 말 이례적으로 부회장으로 승진해 주목을 끌었다.

또 조성진 LG전자 사장은 고졸 출신 CEO로 꼽힌다. 용산공고를 졸업한 뒤 1976년 20세의 나이로 LG전자의 전신인 금성사에 입사한 지 37년 만에 사장에 올라 '고졸 신화'의 주인공이 됐다.

은행권에도 샐러리맨의 신화를 이룬 행원 출신 CEO가 많다. 하영구 씨티은행장은 2001년부터 CEO를 해온 장수 경영자이다. 하행장은 1981년 씨티은행 서울지점에 입행해 수석딜러 등을 거친 정통 뱅커 출신 CEO로 한미은행장에 선임된 2001년부터 지금까지 행장을 맡고 있다.

이순우 우리금융지주 회장은 1977년 우리은행의 전신인 상업은행에 입행해 34년 만인 2011년에 은행장에 올랐고 2013년 회장직에 앉았다.

권선주 기업은행장은 국내 첫 여성은행장이자 평행원 출신으로 행장에 오른 인물이다. 금융공기업 중에서 은행 내부 출신 CEO가 탄생한 것은 전임 행장에 이어 두 번째이다. 서진원 신한은행장과 김종준 하나은행장도 평사원으로 입사해 CEO로 올랐다.

김정태 하나금융지주 회장은 이직 후 샐러리맨 신화를 이뤘다. 김 회장은 1981년 옛 서울은행에 입행해 1986년 신한은행, 1992년 하나은행으로 옮겼으며, 하나대투증권 사장과 하나은행장을 거쳐 2012년 회장직에 올랐다. 윤용로 외환은행장은 고위 공무원 출신이지만 공기업 기업은행장을 거쳐 민간 은행장으로 변신에 성공했다.

사원에서 CEO까지 30년!

INSIDE TIP

재벌닷컴이 100대 기업(매출 기준) CEO를 조사한 결과 국내 대기업 신입사원이 CEO가 되기까지 약 30년이 걸리는 것으로 나타났다.

신입사원 공개채용 출신 경영인은 평균 25.1세에 입사해 평균 45세에 임원(이사대우 또는 상무보)에 올랐다. 상무와 전무, 부사장을 거쳐 평균 55.5세에 사장이 됐다. CEO의 평균 나이는 59.1세이다. 삼성그룹에서 사장 이상 인사들을 분석한 결과 부사장에서 사장으로 승진하는 데 걸린 기간은 평균 3.4년으로 조사됐다.

대기업 등기임원과 직원 평균연봉				
기업	등기임원 1인당 평균연봉 (백만 원)	직원 평균연봉(만 원)	남자직원 평균연봉(만 원)	여자직원 평균연봉(만 원)
삼성전자	5,201	6,970	7,990	4,400
현대차	2,299	9,433	9,517	7,572
현대모비스	1,630	8,384	8,637	6,010
POSCO	1,141	7,858	7,966	5,234
기아차	1,096	9,079	9,137	6,987

기업	등기임원 1인당 평균연봉 (백만 원)	직원 평균연봉(만 원)	남자직원 평균연봉(만 원)	여자직원 평균연봉(만 원)
한국전력	169	7,473	7,850	5,478
SK하이닉스	823	5,759	7,020	4,399
신한지주	714	11,012	11,967	6,679
신한은행	415	7,735	9,549	5,265
LG화학	1,778	6,218	6,426	4,187
현대중공업	589	7,546	7,688	5,068
SK이노베이션	4,102	7,258	7,792	4,400
SK텔레콤	3,095	9,882	10,300	7,358
KB금융	392	9,453	9,931	6,928
국민은행	337	7,749	10,021	5,198
NHN	2,390	7,635	8,097	6,337
LG전자	813	6,338		
롯데쇼핑	1,240	3,324	4,913	1,920
LG디스플레이	1,067	4,772	5,248	3,704
LG	2,514	6,466	7,300	4,099
삼성물산	1,939	7,124	7,392	5,129
KT&G	2,337	6,726	6,850	5,652
S-oil	289	7,276	7,552	3,824
우리금융	600	9,372	9,848	5,806
우리은행	344	7,414	9,113	5,465
하나금융지주	412	10,432	11,359	6,768
하나은행	372	7,233	10,359	5,346
LG생활건강	1,592	5,128	6,907	3,473
KT	1,329	6,210	6,339	5,476
삼성중공업	3,682	7,651	7,800	5,630
SK	5,181	8,633	9,899	5,035
현대건설	766	6,777	7,117	4,033

기업	등기임원 1인당 평균연봉 (백만 원)	직원 평균연봉(만 원)	남자직원 평균연봉(만 원)	여자직원 평균연봉(만 원)
삼성전기	866	6,355	6,939	4,895
현대글로비스	480	6,199		
기업은행	401	6,519	8,522	4,653
현대제철	1,726	7,945	8,051	4,697
고려아연	554	5,863	5,957	3,302
롯데케미칼	965	6,503	6,758	3,430
강원랜드	141	5,998	6,465	5,020
삼성SDI	941	7,255	7,590	5,309
오리온	1,544	3,358	3,770	1,986
GS	916	6,296	6,782	4,160
아모레퍼시픽	1,829	5,207	6,979	4,225
한국가스공사	164	7,804	8,120	4,979
대우조선해양	539	7,719	7,905	4,870
삼성엔지니어링	1,543	8,173	8,562	5,882
SK C&C	3,154	7,103	7,572	5,023
외환은행		9,095	12,221	6,045
두산중공업	2,030	6,990		
제일모직	1,292	6,146	6,540	5,050
CJ제일제당	3,180	4,911	5,072	4,324
대우인터내셔널	686	5,778	6,344	3,668
삼성카드	956	6,246	8,386	4,177
CJ	1,662	6,200	6,700	5,300
현대위아	525	6,892	6,956	4,037
현대백화점	2,622	5,591	6,613	3,532
대우건설	970	6,797	6,878	5,376
OCI	531	5,568	5,646	4,168
코웨이	200	4,222	5,057	3,861

3장 베일 속에 가려진 그들만의 연봉

기업	등기임원 1인당 평균연봉 (백만 원)	직원 평균연봉(만 원)	남자직원 평균연봉(만 원)	여자직원 평균연봉(만 원)
LG유플러스	930	6,400	6,800	4,400
삼성테크윈	773	7,000		
엔씨소프트	2,271	7,086		
한전기술	189	7,810	8,021	5,570
금호석유	1,857	8,182	8,477	5,979
아모레G	296	7,285	7,870	5,727
대림산업	618	7,667	7,789	5,399
KCC	471	5,232	5,407	3,367
한라공조	306	8,885	8,972	6,644
대한항공	653	6,013	7,274	4,227
BS금융지주	166	7,325	7,823	3,629
GS건설	1,792	5,618	5,734	3,767
제일기획	1,216	7,900	8,700	6,800
LS	885	6,000		
두산	1,505	6,057		
한화케미칼	2,209	6,835	7,261	3,680
현대하이스코	718	6,800	7,003	4,433
두산인프라코어	1,759	7,037	7,273	4,528
롯데제과	533	4,066		
한화	2,117	4,001	4,262	2,183
에스원	1,011	5,460	5,600	3,900
현대미포조선	560	7,026	7,118	4,332
하이트진로	694	6,289	6,853	3,819
영풍	212	3,326	3,347	2,815
CJ대한통운	250	3,403	3,525	2,303
현대상선	2,176	7,068	7,807	3,421

기업	등기임원 1인당 평균연봉 (백만 원)	직원 평균연봉(만 원)	남자직원 평균연봉(만 원)	여자직원 평균연봉(만 원)
신세계	1,635	4,520	7,360	3,186
유한양행	277	5,483	5,914	3,960
만도	1,541	7,666	7,780	5,160
효성	1,150	5,620		
SK네트웍스	1,341	5,541		
현대산업	581	6,140	6,529	2,994
농심	574	4,416	5,790	3,290
롯데칠성	452	4,527	5,205	2,313
LS산전	626	5,597	5,784	4,039
LG상사	2,011	9,051		
LG이노텍	257	4,295	4,623	3,260
금호타이어	258	5,354	5,400	4,414
녹십자	278	4,709	4,927	3,718
락앤락	213	4,177	5,264	3,349
삼성정밀화학	677	8,156	8,520	5,294
넥센타이어	944	4,885	4,941	3,316
동아제약	485	6,173	6,752	4,202
코오롱인더	541	5,844	6,166	4,557
한미약품	280	4,657	4,899	3,879
빙그레	236	4,563	4,790	3,688
대상	271	3,948	5,455	2,576

(자료 : 2012년 기준. 연합뉴스)

공기업 연봉은
'신'도 모른다?

대학교를 졸업하고 3년 넘게 취업을 못한 '청년백수'가 25만 명에 달한다. 이태백(20대 태반이 백수)이라는 신조어가 생기고 취업 대신 아르바이트와 공부만 계속하는 청년 니트NEET : Not in Education, Employment or Training족도 늘어나고 있다. 심지어 취직을 했더라도 낮 은 임금과 고용 불안 탓에 퇴근 후 2~3개 아르바이트를 하는 투잡 족이나 쓰리잡족도 적지 않다.

괴로운 청년백수나 고달픈 삶을 사는 직장인들뿐 아니라 우리나 라 샐러리맨 모두에게 있어 대기업보다 부러운 직장이 있다. 바로 공 기업이다. 오죽하면 '신神도 모르는 직장'이라는 말이 나왔겠는가.

우리나라 공기업 1인당 평균연봉은 7,200만 원으로 직장인 평균 연봉 2,817만 원의 배를 넘는다. 자녀학자금 등 교육비 무상지원은 공기업의 대표적인 금전적 복지 중 하나다. 실제 공기업에서 30년 간 근무하다 퇴직한 김모 씨는 대학을 졸업한 3명의 자녀 학자금을 한 번도 낸 적이 없다. 여기에 1인당 수백만 원에 달하는 복지포인트, 가정의 달 5월에 지급되는 경로효지원금나 월동비, 상품권 등을 지급하는 공기업도 있다.

금융공기업을 예로 들어 보자. 금융공기업의 연봉은 기본급과 고정수당, 실적수당, 급여성 복리후생비, 경영평가 성과급, 기타 상여금 등으로 구성된다. 예금보험공사와 한국정책금융공사, 한국거래소, 한국예탁결제원, 코스콤, 한국주택금융공사, 한국자산관리공사, 기술신용보증기금, 신용보증기금 등 9개 금융공기업의 신입사원 초봉은 3,500만~4,300만 원으로 평균 3,800만 원 수준이다.

금융공기업 전체 직원의 평균연봉은 8,700만 원 수준으로 집계됐다. 특히 '신의 직장'이라 불리는 한국거래소 평균연봉은 1억 원이 넘는다. 예탁결제원과 코스콤 평균연봉도 9,500만~1억 100만 원 수준으로, 삼성전자 직원 평균연봉보다 많고 시중은행과 대형보험사 등 금융회사들보다 높다. 평균 근속연수 역시 한국거래소가 17.2년으로 삼성전자 9.0년의 배에 이른다.

또 산업통상자원부 산하 41개 공공기관의 2012~2013년 대졸 신입사원 평균연봉은 3,005만 원 수준으로 조사됐다. 이는 중소기업중앙회가 조사한 중소기업 대졸 초임인 1,600만~2,400만 원의 최고 두 배에 가깝다.

한국전력과 한국수력원자력, 5대 발전 자회사, 한국가스공사, 한

9개 금융공기업 초봉과 평균연봉		(단위 : 만 원)
금융공기업	신입사원 초봉	직원 평균연봉
기술신용보증기금	3,500	7,400
신용보증기금	3,500	7,800
예금보험공사	4,300	7,900
코스콤	3,700	9,500
한국거래소	3,800	1억 1,400
한국예탁결제원	3,800	1억 100
한국자산관리공사	3,600	7,200
한국정책금융공사	4,200	8,600
한국주택금융공사	3,600	8,100
평균	3,800	8,700

(자료 : 2012년. 공공기관 통합경영정보공개시스템 알리오. 연합뉴스)

국석유공사, 지역난방공사, 대한석탄공사, 한국광물자원공사 등
12개 에너지 공기업의 대졸 초임연봉은 3,220만 원이다. 이 중 대한
석탄공사의 대졸 초임은 4,800만 원을 초과해 가장 많다. 에너지
기술평가원과 무역보험공사, 강원랜드 등은 대졸 초임이 3,500만
~3,800만 원 수준이다.

공기업은 임금수준은 높은 편이지만 제품생산과 판매결과가 실
적으로 바로 드러나는 민간기업에 비해 업무량과 목표달성에 대한
스트레스는 상대적으로 적다. 직장인으로선 그야말로 최고의 직장
이다. 하지만 공기업 등 공공기관들은 부채규모가 500조 원에 이를
정도로 부실이 심화했다는 지적이 끊이지 않는다. 여기에 방만경영
과 낙하산 인사 문제도 매년 국정감사 때마다 질타 받는 단골손님

산업부 산하 일부 공기업 대졸 초임연봉			(단위 : 만 원)
공기업	대졸 초임연봉	공기업	대졸 초임연봉
대한석탄공사*	4,833	에너지기술평가원	3,858
한국가스공사	3,230	산업단지공단	3,302
한수원	3,294	산업기술진흥원	3,431
남동발전	3,264	산업기술평가관리원	3,282
서부발전	3,235	강원랜드	3,514
중부발전	3,207	표준협회	3,472
무역보험공사	3,648	한국전력	2,882
전력거래소	3,492	한국석유공사	2,630
석유관리원	3,430	코트라	2,772

(자료 : 2012~2013년 기준. 김한표 의원 제공. *대한석탄공사=갱내근로자 포함)

이다.

이러한 문제점으로 인해 정부가 공공기관의 예산편성·인사운영 지침, 업무추진비·수당·복리후생비 등 개혁안을 다시 마련했다. 그러나 공기업은 취업준비생들과 직장인들에게 있어 가장 취업하고 싶은 신의 직장으로 영원히 남을 것으로 전망된다.

박봉은 옛말, 특별대우 받는 대한민국 공무원

우리나라에서 예나 지금이나 살아있는 '철밥통' 직업으로는 공무원만한 게 없다. 고시만 합격하면 죽을 때까지 먹고사는 문제는 걱정하지 않아도 된다.

과거에는 공무원이라면 민간 기업보다 '박봉薄俸'이지만 은퇴 후 연금을 받는 게 강점으로 알려졌다. 공무원 스스로도 "국가를 위해서 일하는 만큼 돈보다 명예가 중요하다. 연금은 젊은 시절 박봉을 받으며 국가에 헌신한 데 대한 보상"이라고 자긍심을 드러내곤 했다. 하지만 지금은 안정적인 임금에다가 정년보장, 후한 연금까지 챙기니 '청년백수, 은퇴백수' 시대에 대한민국에서 이보다 더 특별대우를 받는 직장이 또 있을까 싶다.

공무원의 재발견, 그들만의 아주 특별한 대우

실제 공무원 평균연봉은 5,000만 원을 돌파했다. 안전행정부에 따르면 2013년 공무원의 월평균 기준소득액은 총 435만 원으로 책정됐다. 초과근무수당 등을 모두 합친 연봉을 전체 공무원 숫자로 나눈 것(세전)이다. 공무원 1인당 평균연봉은 5,220만 원이다. 공무원 평균연봉은 종업원 300명 이상 대기업 근로자 평균연봉과 공기업·공공기관 평균연봉인 5,800만~5,900만 원의 90% 수준에 이른다. 이런 공무원의 연봉 수준을 보고 쥐꼬리네, 박봉이라고 말하는 사람이 있다면 돌 맞기 십상이다.

공무원 처우에서 꽃 중의 꽃은 바로 정년 보장과 함께 무려 20여 개에 이르는 각종 수당에 있다. 정근수당, 정근수당가산금, 성과상여금, 대우공무원수당 등 '상여수당'과 가족수당, 자녀학비보조수당, 주택수당, 육아휴직수당 등 '가계보전수당', 도서·벽지·접적지·특수기관 근무자를 위한 '특수지 근무수당', 그 외에 위험근무수당·특수업무수당·업무대행수당·군법무관수당 등 수당이 총 26종에 이른다. 여기에 가계지원비, 정액급식비, 적급보조비, 교통보조비, 명절휴가비, 연가보상비 등 총 6종의 실비변상 수당도 있다.

공무원은 재직기간 중에 승진연한이 민간기업에 비해 오래 걸린다는 점을 빼고는 특별한 단점을 꼽기 어렵다.

행정고시에 합격해 과장까지 오르는 데 보통 20년 정도 걸린다고 하는데 민간기업에 입사해 임원으로 승진하는 데 걸리는 연한과 비숫하다. 또 지금처럼 누구나 '오래 일하고 싶은 시대'에는 승진이 늦다는 것 자체를 단점이라고 볼 수도 없다. 게다가 공무원은 정년퇴직 후 매달 평균 200만 원에 가까운 연금을 챙긴다.

돈보다 명예를 소중하게 생각하는 고위 공무원들의 연봉은 어느 정도 수준일까.

대통령은 계약직을 제외하고 정식으로 임명된 국가공무원 중에서 가장 많은 급여를 받는다. 2013년 박근혜 대통령은 연봉으로 1억 9,225만 원을 받았다. 대통령은 연봉제 적용 대상이므로 별도의 수당은 없고 총 연봉을 12개월로 나눠 매달 같은 금액을 받는다. 정확한 월급은 1,602만 원으로 이명박 전 대통령이 재임 마지막 해인 2012년에 받은 월급보다 51만 원 늘어났다. 여기에 '연봉외 급여'로 지급되는 직급보조비(월 320만 원)와 급식비(13만 원)를 더해 매달 1,930여만 원씩 연간 총 2억 3,200여만 원을 총보수로 받았다.

국무총리는 연봉 1억 4,928만 원과 직급보조비(월 172만 원), 급식비(13만 원) 등 연간 총 1억 7,148만 원을 받았다. 2013년 장관과 차관의 연봉은 각각 1억 977만 원, 1억 661만 원으로 책정됐다.

행시에 합격해 고위직에 오른 공직자들은 1980년대 부동산 활황 시기에 부동산 투자로 재산을 증식했다. 당시에는 공직자뿐 아니라 나라 전체가 부동산 투자열기에 휩싸였던 시기여서 공직자들이 특별히 재테크에 밝았던 건 아니었지만, 정보접근은 일반 국민보다 수월했을 가능성이 크다.

또 공직자들이 재산증식이나 높은 삶의 질을 유지하는 수단으로는 퇴직 후 재취업만한 게 없다. 공직을 마친 퇴직 고위공무원 상당 수는 로펌이나 민간기업, 국책연구소, 금융기관, 산하 기관 등에서 모셔가기 때문에 짭짤한 소득을 올리고 질 높은 삶을 유지하는 경우가 많다.

화려한 옛날은 가고,
'사'자 직업의 굴욕

시대의 급변은 막을 길이 없다.

의사와 변호사, 한의사 등 소위 '사'자가 붙은 직업 종사자들은 '고소득 자영업자'로 불린다. 여전히 이들은 고소득 종사자로 불릴 만큼 많이 벌지만, 그 위상은 확실히 예년만 못하다.

한국고용정보원이 146개 면허형 국가자격취득자의 월평균 소득을 조사한 결과 1위는 도선사(항만에 입·출항하는 선박에 탑승해 선박을 부두까지 안전하게 인도하는 사람)로 월평균 소득이 878만 원으로 조사됐다. 전문의(766만 원), 변호사(738만 원), 치과의사(685만 원), 의사(583만 원), 한의사(565만 원), 한약업사(517만 원) 등도 고액 연봉 직업군에 올랐다.

사자 붙은 이들은 불과 몇 년 전까지만 해도 우열을 가리지 않고 모두 잘 나갔다.

합격만 하면 안전빵?

대학 입시를 앞둔 수험생에게 의예과나 한의학과는 전국 어디든 상관 없을 정도였다. 입학하기만 하면 평생이 보장됐기 때문에 지방 어느 곳에 있더라도 의대나 한의대는 합격점 기준이 높았다.

'들어만 가면 안전빵'으로 인식되던 터라 멀쩡한 직장을 다니다가 때려치우고 대학 입시를 다시 준비해 한의대에 들어가는 늦깎이도 있었다. 실제 뒤늦게 한의대를 나와 40대 무렵에 한의원을 열어 돈방석에 앉는 사람도 드물지만 존재했다.

사법고시도 마찬가지다. 사시를 패스해 판사나 검사, 변호사가 되면 죽을 때까지 인생이 보장된다고 믿었다. 실제 사시에 붙어 사법연수원에 들어간 남학생들에게는 중매쟁이들이 줄을 이었다. 판·검·변호사와 의사, 한의사 등 소위 '사' 붙은 직업을 가진 남자와 결혼하려면 열쇠 3개는 있어야 한다는 말이 있을 정도였다. 물론 이들은 지금도 사회적으로 경제적으로 잘 나가는 직업군이기는 하지만 화려하던 예년만 못한 것이 현실이다.

강모 씨(46)는 10년 전 사시에 합격했으나 바로 변호사 사무실을 차리기보다 경험을 쌓을 목적으로 기업체와 관공서 취업을 알아보던 중 경찰서 과장급으로 취직했다. 평생 공부만 하던 강 씨는 그러나 적성에 맞지 않아 몇 개월 만에 그만두고 이렇다 할 돈벌이를 하지 못하다가 2년 전에서야 변호사 사무실을 냈다. 처자식을 위해 열심히 뛰어 한 달에 그가 손에 쥐는 돈은 500만 원이 채 안 된다. 벌이는 대기업에 다니는 또래 친구들보다 못하다. 다만 정년이 있는 직업이 아니어서 오래 일할 수 있다는 장점이 있지만 넘쳐나는 젊은 변호사들과 경쟁해야 하는 부담도 만만치 않다.

합격과 동시에 부(富)가 보장된다는 생각에 한의대를 들어간 박모 씨(48)는 파리 날리는 한의원 문을 닫을 수도, 계속 열 수도 없어 고민이 이만저만이 아니다. 이럴 줄 알았으면 차라리 의대를 가서 병원에 취직하는 게 나을 뻔 했다는 후회도 든다고 한다.

넘치는 '사'자 직업, 부익부 빈익빈 심화

이처럼 '사'자 들어가는 직업 종사자들은 공급 과잉으로 경쟁이 과열되면서 벌이가 줄어 고전을 면치 못하고 있다. 업종 내에서도 잘 나가는 사람은 소수에 불과해 '부익부 빈익빈'이 심화하고 있다. 무리하게 대출을 받아 병원이나 변호사 사무실을 열었다가 불황에 빚만 떠안고 문을 닫는 사례도 있다.

2008년부터 매년 평균 800명 정도 증가세를 보여온 변호사 수는 2012년에 로스쿨 변호사가 쏟아져 나오면서 한해 1,900명이나 급증했다. 서울에 등록한 변호사는 2012년 말 기준 사상 처음으로 1만 명을 넘어섰으며, 이 중 개업한 변호사는 2012년 1만 2,532명으로 등록 변호사 1만 4,534명의 86.22% 수준으로 낮아졌다. 반면 한국

고용정보원이 조사한 변호사 1인당 평균연봉은 2008년 1억 100만 원에서 2013년 8,735만 원으로 1,365만 원 감소했다.

변호사들의 수입이 수임이나 승소 등에 따라 천차만별인 게 현실이지만 화려한 직업의 외견에 비해 벌이가 시원찮은 변호사들도 많다는 것을 보여주는 반증이다. 실제로 대한변호사협회 〈한국변호사 백서 2010〉을 보면 개업 5년차 또는 40세 이하 변호사들이 한해 벌어들이는 순소득은 평균 3,700만 원대로 조사됐다.

이런 사정은 한의사들도 비슷하다. 대한한의사협회에 따르면 2000년대 초 1만여 명에 못 미친 한의사 수는 2011년 1만 6,000여 명까지 늘어났고 한의원 수는 7,000여 개에서 1만 2,000여 개로 불어났다. 한의사 수는 대한한의사협회가 추정한 적정 수 5,000여 명의 3배에 이른다. 실제로 2012년 전체 한의사 월평균 소득은 565만 원 수준이다. 명의로 소문나 돈방석에 앉은 한의원 원장과 월급이 300만 원이 안 되는 한의사 등 명암이 극명하게 엇갈린다.

무리하게 개원했다가 회생신청을 한 의사들도 늘어나고 있다. 서울중앙지방법원에 회생신청을 한 의사 수는 2010년 31명, 2011년 45명, 2012년 42명 등으로 나타났다. 치과의사도 3년간 연평균 24명씩 회생 신청을 냈다.

최고 몸값, 연예인·
스포츠선수·정치인의 두 얼굴

꿈★은 이루어진다?

30대 가수 '싸이'는 '강남스타일'이라는 노래로 일약 글로벌 스타가 됐다. 미국 경제전문지 포브스는 우리나라 연예인과 스포츠 스타들의 수입, 출연료, 언론노출 빈도 등을 기초로 '2012 10대 유명인'을 선정한 결과 싸이가 1위를 차지했다고 발표했다. 싸이는 2012년 '강남스타일'로 4,000만 달러(약 451억 원) 이상을 벌어들였다.

올림픽의 감동을 준 20대 국민 동생 김연아와 박태환 등 스포츠 선수들도 싸이 못지않다. 걸어 다니는 기업이라 불릴 만한 이들은 취업 준비를 위해 학교에서 씨름하는 20대 다른 청년들과는 비교 자체가 불가능하다.

미국 경제 전문지 포브스가 2013년 조사한 세계 여자 스포츠선

수 수입 순위에 김연아가 한국 선수로 유일하게 6위에 올랐다. 그녀의 1년 수입은 총 1,400만 달러(약 156억 원)로 집계됐다. 이처럼 한때는 '가난이 싫어서' '굶지 않기 위해서' 시작했던 스포츠가 지금은 고수입을 올리는 직업으로 떠오르면서 최고의 인기를 얻고 있다.

한국고용정보원이 조사한 고액연봉 직업 베스트 20에서 프로야구선수는 평균연봉 7,155만 원으로 14위에 올랐다. 1990년대 중반까지만 해도 대통령이나 의사가 되고 싶다던 초등학생들의 장래 꿈도 이제 운동선수와 연예인으로 바뀌었다.

무명의 연예인과 스포츠선수의 그늘

그러나 대중적으로 유명한 스포츠선수와 연예인 세계는 대박 아니면 쪽박, 그리고 이름 없이 사라져간 다수의 중간인으로 이루어진 비정한 곳이다. 특히 스포츠업계는 그 어떤 분야보다 영원한 승자나 영원한 패자가 없는 분야다. 예컨대 올림픽에서 금메달을 따는 건 전 세계 1등으로 우뚝 올라서는 영광스러운 일이다. 가문의 영광이자 국가의 영웅이다. 하지만 어려운 만큼 한 번 우승했다고 4년 후 대회에서도 금메달을 거머쥘 거라는 보장은 없다.

국내에서 야구와 농구, 축구, 배구 등 4대 프로스포츠 현역 선수들의 평균연봉은 9천 400만~1억 5천만 원 수준이다. 그러나 스포츠업계는 실력 그 자체로 연봉과 수입이 매겨지는 매우 냉정한 곳이다. 실력이 있으면 몸값은 천정부지로 뛰지만 실력이 없으면 도태된다. 실제 우리나라 프로야구 선수 연봉은 최고가 10억 원(계약금 제외)으로 최저 2,400만 원의 40배를 넘을 정도로 격차가 심하다.

더구나 몸과 체력이 자산인 스포츠선수는 선수생활 은퇴 시기도 다른 평범한 직장인보다 한층 이르다. 학교에서 후배 양성을 위한 코치나 감독 등 관리자의 길에 들어서지 못한다면 다른 길을 찾아야 한다.

한때 잘 나가던 스포츠스타가 은퇴 후 불미스런 일에 연루되거나 돈에 쪼들려 창업을 했거나 여러 직업을 전전한다는 등 소식을 접하는 것도 새롭지 않다.

일반인이 상상할 수 없는 별종 세계인 연예인의 음지는 더 비참하다. 한 때 유명세를 떨치던 한 개그맨은 얼마 전 사업 실패와 보증 등을 감당하지 못하고 서울중앙지방법원에 개인파산을 신청했다.

연예인은 스스로 자조적으로 비정규직이라고 말하듯 일터에서 안정을 보장받지 못한다. 직업 자체가 대중의 인기와 맞물려 있어 연예인 개인 간 소득 차이가 극과 극이다. 싸이와 같은 가수가 있는가 하면 한 달에 한 푼도 벌지 못하는 인기 없는 가수도 있다.

연예인 1인당 평균 소득은 3,000만 원대이다. 국세청이 국회 기획재정위원회에 제출한 '최근 5년간 운동선수, 연예인 수입 신고현황'에 따르면 2013년 가수, 배우·탤런트, 모델 등 연예인 2만 5,000명이 신고한 수입액은 8,683억 원으로 집계됐다. 연예인 1인당 평균 수입액은 3,473만 원이다. 직종별 1인당 평균 소득은 가수가 5,255만 원으로 가장 많고 배우·탤런트는 4,134만 원, 모델은 1,031만 원에

	직업별 연봉 순위				(단위 : 만 원)
	직업	**연봉**		**직업**	**연봉**
1	기업CEO	1억 988	11	정신과의사	7,394
2	국회의원	1억 652	12	의약계열교수	7,332
3	도선사	1억 539	13	산부인과의사	7,283
4	성형외과의사	9,278	14	프로야구선수	7,155
5	항공기조종사	9,183	15	안과의사	7,150
6	변호사	8,860	16	피부과의사	7,116
7	외과의사	8,268	17	공학계열교수	7,036
8	치과의사	8,224	18	비뇨기과의사	7,012
9	대학총장.학장	8,040	19	소아과의사	6,889
10	고위공무원	7,403	20	회계사	6,853

(자료 : 한국고용정보원. 2010~2011년 조사. 연합뉴스)

불과했다.

가까운 장래에 대한 안정성이 불투명하다는 측면에서 보자면 정치인도 미래가 불안한 직업군에 속한다.

국회의원은 한국고용정보원이 발표한 연봉 높은 직원 베스트 20에서 평균연봉 1억 652만 원으로 1위 기업 최고경영자CEO 1억 988만 원에 이어 2위를 차지했다. 직업군으로 볼 때 국회의원은 의사, 변호사, 대학교 총장, 고위공무원, 스포츠선수 등 다른 직업 종사자보다 연봉도 많고 대한민국 곳곳 어디를 가도 따뜻한 대접(?)을 받는 꽃 같은 직업이다. 그러나 4년마다 치러지는 국회의원 선거에서 낙선하면 4년 후 선거 때까지 백수로 지내야 한다.

4장

좀 더 일찍 알았더라면 좋았을,
연봉의 경제학

연봉,
성장률과 물가의 거울

우리나라 기업들은 전 세계 경제흐름을 보면서 연간 경영계획을 세운다. 인건비도 경제성장률과 물가상승률, 연간 실적목표 등을 고려해 책정한다. 따라서 직원들이 받아가는 임금은 국가경제의 거울이라고 할 수 있다.

국내경제는 2008년 전 세계를 강타한 글로벌 금융위기 여파로 장기불황의 파고를 넘지 못하고 있다. 과거에는 4%대 경제성장률도 낮다고 봤지만 금융위기 이후로는 3%대 경제성장률도 기대하기 힘든 상황이 됐다. 장기 저성장의 어둠이 한국경제에 짙게 깔리고 있는 것이다.

저성장이 장기화하면서 살인적인 초저금리 현상도 지속되고 있다. 통화당국인 한국은행이 기준금리를 연 2%대로 유지하면서 시중은행의 정기예금 금리도 연 2%대에 불과하다. 저금리 상태가 유지되면 기업들이 투자를 늘리고 가계도 소비에 나서 성장률이 높아지는 효과를 기대할 수 있다. 그러나 금융위기 이후 초저금리 상태에서도 투자심리와 소비심리가 위축돼 성장률 개선세가 미진하다. 민간소비와 설비투자 증가세가 부진하기 때문이다.

저금리로 인해 가계나 기업이나 금융권 대출이자 부담이 크게 줄어들어 얼마든지 자금을 빌려 쓸 수 있다. 하지만 가계는 이미 주택담보대출 등 상당한 부채의 부담을 안고 있어 추가로 소비와 대출에 나서기 어려운 상황에 빠졌다.

장기 불황, 가계와 기업 모두 빨간 불

우리나라 가계부채 규모는 1,000조 원 규모에 이른다. 주택담보대출과 2금융권대출 등으로 급격하게 불어난 가계부채는 우리 경제를 짓누르는 뇌관이 될 것이라는 경고가 끊이지 않는다.

현대경제연구원은 최근 우리나라 가계부채 위험점수가 금융위기 직후인 2008년 말 수준에 근접했으며 2002년 카드사태 때의 배 수준으로 높아졌다고 경고했다. 제2금융권 대출과 연체율 상승으로 인해 가계의 이자부담 역시 금융위기와 카드사태 때보다 높아졌다고 지적했다. 이런 가계부채 등으로 인해 민간소비가 활성화할 기미는 전혀 나타나지 않는다.

더구나 부동산시장 침체와 경기부진으로 자영업자의 영업환경도 악화됐다. 소비시장의 중심축인 이들 중간 소득층이 빚 부담에 눌려 소비에 나서지 않으면 내수경기가 부진해지고 결과적으로 성장률의 발목을 잡게 된다.

기업들의 사정도 다르지 않다. 2012년 기준 국내 기업들은 1,000원어치를 팔아 47원을 남기는 데 그쳤다. 통계청이 상용근로자 50인 이상 자본금 3억 원 이상인 국내 기업 1만 2,010개를 대상으로 기업활동조사를 한 결과 금융보험업을 제외한 국내 기업들의 매출액 1,000원당 법인세 차감 전 순이익은 47.2원으로 1년 전보다 4.6원 줄어들었다.

기업들은 저금리로 인해 자금조달 비용은 크게 낮아졌지만 대내외적으로 금융위기가 아직 진행되고 있고, 세계경제의 불확실성으로 공격적인 투자에 나서지 않고 있다. 특히 국내 산업계 전반에선 불황을 이겨내지 못한 대기업들이 부실의 늪에 빠져 속속 구조조정에 돌입하는 극도로 어려운 상황에 직면했다.

한국은행과 우리금융경영연구소의 조사결과에 따르면 기업들의 설비투자 증가율은 1970년대 20.3%에서 1980년대 12.6%, 1990년대 9.1%, 2000년대 3.9%로 하락추세를 나타내더니 2011~2012년에는 0.9%에 그쳤다.

설비투자의 성장 기여율도 1970년대 11.6%, 1980년대 10.8%, 1990년대 11.5%로 10%대를 유지했으나 2000년대 7.8%로 떨어졌고, 2011~2012년에는 3.0%로 추락했다.

설비투자 감소는 기업의 생산감소로 이어지고, 고용축소와 개인

소득감소 등 경기불황의 악순환을 낳는다. 이처럼 국내외 경제상황이 어둡다 보니 기업들은 몇 년째 보수적인 경영전략을 취하고 있다. 가급적 대규모 신규투자를 나서기보다 미래를 대비해 현금만 잔뜩 쌓아놓는 것이다.

국내 10대그룹 상장 계열사들의 유보금은 2013년 6월 말 기준 477조 원으로 3년 전보다 330조 원 증가했다. 사내유보율도 무려 1,600%가 넘는다.

유보율이란 영업활동에서 발생한 이익인 이익잉여금과 자본거래 등 특수거래에서 생긴 이익인 자본잉여금을 합친 금액을 납입자본금으로 나눈 비율이다. 즉 기업들이 영업으로 벌어들인 돈을 내부에 얼마나 쌓아뒀는지를 나타내는 지표다.

유보율이 높을수록 재무구조가 탄탄하고 상여금이나 배당 등을 위한 자금여력이 크다는 것을 의미한다. 반대로 보면 기업이 투자나 고용 확대 등에 돈을 쓰지 않는다는 의미도 된다.

장기불황의 그림자, 임금은 뒷걸음질

이런 장기불황의 어두운 그림자는 고용과 직원들의 임금수준에도 영향을 미친다.

연간 8% 이상 성장하던 외환위기 이전의 고도 성장기에는 임금 상승률도 평균 10% 이상 높게 유지됐기 때문에 직장인들은 월급을 받아 저축하면서도 여유로운 생활이 가능했다. 실제 외환위기 전까지 우리나라 가계소득은 매년 평균 15%씩 증가세를 보였다. 그러나 외환위기와 2008년 글로벌 금융위기를 거쳐 경제성장률이 2~3%로 낮아지면서 평균 임금상승률도 3~5% 수준에 머물고 있다. 임금상승률은 대체로 경제성장률과 커플링(동조화) 현상을 보이기 때문이다.

고용노동부에 따르면 5인 이상 사업체의 평균 임금상승률은 2009년 2.6%, 2010년 6.8%, 2011년 1.0% 등으로 조사됐다. 같은 기간 우리나라 경제성장률도 0.3%, 6.2%, 3.6% 등으로 임금상승률과 비슷한 흐름을 나타냈다.

우리나라 공무원 임금의 평균 상승률은 2010년 동결된 후 2011년 5.1%, 2012년 3.5%, 2013년 2.8% 등에 불과했다. 여기에 물가상승률을 감안하면 실질 임금은 거의 정체 상태에 머물고 있다. 2013년 2분기 우리나라 가계의 월평균 소득은 404만 1,000원으로 물가상승률을 고려한 실질 가계소득은 1.3% 늘어나는 데 그쳤다.

그러나 우리나라가 재정투입 없이 연간 경제성장률을 4% 가까이 달성하고 지속적인 성장세를 유지하기는 쉽지 않다. 여기에 미국이 전 세계에 풀었던 유동성을 회수하는 출구전략을 시행하면 국내 금융시장이 충격을 받을 수 있고, 대외의존도가 높은 우리 경제 역시 해외경제 상황에 따라 달라질 수 있다.

한국경제,
고환율 저금리의 비밀

2008년 글로벌 금융위기 이후 저성장이 장기화하면서 고환율과 저금리를 유지하고 있는데, 환율을 높게 유지하고 금리를 제로금리 수준에 맞춰놓는 이유는 따로 있다.

고환율은 수출주도형 국가인 우리나라 경제와 산업에 매우 중요하다. 해외에서 가격 경쟁력을 높여줘 수출확대에 기여하고 결과적으로 경제성장에 기여하기 때문이다. 전 세계가 자국통화 가치를 낮추기 위한 환율전쟁을 벌이는 것도 바로 이런 이유에서다. 성장세를 과거처럼 높게 유지할 수 없는 장기 불황에선 고환율 정책(원화가치 하락)이 성장을 끌어올리는 데 큰 역할을 한다.

각국은 또한 불황 속 성장을 견인하기 위해 저금리 통화정책을 유지한다. 저금리정책, 즉 대출 등 금리인하로 시중에 돈을 풀어 경기를 부양하려는 것이다. 우리나라 기준금리도 사실상 제로(0) 금리 수준에 가깝다.

세계는 지금 환율전쟁 중, 고환율의 비밀

반대로 환율이 떨어지고 금리가 오르면 우리나라 경제와 산업 전반에 비상등이 켜진다.

원화가치가 올라가면(원·달러 환율 하락) 달러화의 가치는 떨어진다. 사실 원화가치가 높아진다는 건 그만큼 우리 경제가 성장했다는 것으로 볼 수 있다. 원화가치가 오르는 것은 막대한 경상수지 흑자가 이어지면서 우리나라에 외화가 많이 유입됐고, 외국인투자자들이 주식 등 금융시장에서 투자를 늘렸기 때문이다. 그러나 우리나라처럼 수출주도형 소규모 경제구도에서는 환율하락(원화가치 상승)은 수출기업들에 악재가 된다. 해외에서 우리 제품의 가격이 높아져 수출경쟁력이 떨어지기 때문이다.

수출이 줄어들면 경제성장에 득보다는 실이 커진다. 즉 환율하락은 수출에 악영향을 주고, 성장에 마이너스 요인이 될 수 있다는 것이다. 전문가들은 원·달러 환율이 10% 하락하면 우리 경제 성장률이 0.4%포인트 떨어진다고 분석했다. 예를 들어 우리나라 자동차산업은 수출비중이 80%에 이를 정도로 수출에 의존한다. 원·달러 환율이 10원 하락하면 현대자동차와 기아자동차는 2,000억 원의 손실을 볼 수 있는 구조다.

국내 제조업체의 영업이익률은 2010년 6.7%에서 2011년 5.6%, 2012년 5.1%로 악화했다. 원화는 2012년 1월부터 2013년 10월까지 7.4% 평가절상해 주요국 통화 중 가장 큰 폭으로 가치가 상승했다.

전국경제인연합회 조사에 따르면 원·달러 환율 손익분기점은 1,066.4원인 것으로 나타났다. 또한 원화가치가 10% 상승(환율하락)하면 국내 제조업 수출액은 약 5% 줄어드는 것으로 조사됐다. 물론 원료수입 비중이 높은 식품업계와 철강업계는 환율이 떨어지면 수익성이 나아지는 구조이다.

원화가치가 오르면(환율하락) 해외에서 원료를 수입하는 비용하락으로 제조원가가 덜 들고 외화부채 규모도 축소되는 효과가 있기 때문이다. 또 원화가치가 오르면 해외여행 수요가 늘어나 항공산업 실적은 개선되고 항공기 비용과 부채부담도 줄일 수 있다. 그러나 전자와 자동차, 조선 등 우리나라 대표 수출산업은 원화 강세(환율하락)로 수익악화가 불가피하다.

우리나라 전체 기업 순이익에서 삼성전자와 현대·기아차가 차지하는 비중이 30%에 이를 정도로 압도적이어서 환율하락은 성장률에도 악영향을 미친다. 또 이들 대기업이 타격을 받으면 해당 업종의 중소기업들까지 연쇄적으로 피해를 입게 된다.

2000년대 들어 금융위기 전 우리나라에는 스태그플레이션(저성장 고물가)과 골디락스(고성장 저물가)가 반복적으로 나타났다. 호황기에 수출호조로 경상수지가 흑자를 보이며 환율이 하락해 물가도 안정적이지만, 불황기 때는 수출부진, 경상수지 적자, 환율상승, 물가불안 등 현상을 동반한다.

엔저의 역습, 장기 저성장 괜찮을까

하지만 환율하락(원화가치 상승) 추세는 당분간 지속될 가능성이
크다.

원화가치 저평가로 수출증가와 경상수지 흑자가 유지되고 있어 해
외에서 원화절상 압력이 커질 수 있기 때문이다. 최근 자국 경제성장
을 견인하기 위한 일본의 엔저(엔화가치 하락) 역습이 그것이다.

원화절상이 되더라도 외국인 투자자금이 빠져나갈 우려는 크지
않을 정도로 금융시장은 안정됐지만, 수출 등 실물경제에 미치는
충격은 과거 호황기에 비해 클 것으로 전망된다. 1980년대 후반 호
황기 때는 세계수요 증가로 우리나라도 수출증가와 경상수지 흑자
덕에 원화절상 기조를 보였다.

그러나 지금은 상황이 달라졌다. 원화절상이 세계경제 회복과 맞
물려 이뤄지고 있는 것은 과거 호황기 때와 비슷하다. 하지만 미국
의 양적완화 축소 등 출구전략 본격화로 과거와 같은 경기회복을
기대하기 어렵다. 세계경제 성장세는 4% 미만에 머물고 세계교역의
증가속도도 과거보다 훨씬 느려지고 있기 때문이다.

우리나라에 대해 일본과 같은 장기 불황이 지속될 것이라는 우려
도 적지 않다. 1980년대 후반 일본은 수입이 늘지 않은 상황에서 엔
고(엔화절상)와 경상수지 흑자기조가 장기간 지속됐다. 일본은 자동

차 등 생산기지를 해외로 옮겨 해외생산이 늘어나면서 자국투자와 고용생산이 위축되는 제조업 공동화로 1990년대 이후 장기 저성장에 빠졌다. 현재 우리나라 역시 수출 대기업 중심으로 저임금 등 경쟁력 확보를 위해 생산기지를 해외로 이전하는 추세가 나타나고 있다.

살인적인 저금리시대, 그래도 금리 못 올리는 이유

금리정책도 다르지 않다. 정부와 통화당국이 저금리 정책을 탈피해 금리인상을 단행하면 산업계뿐 아니라 가계가 타격을 받을 것이라는 우려가 적지 않다. 가계나 기업이나 대출금리가 인상되면 금융권에서 자금조달 비용이 높아지고 기존 대출의 이자부담도 커지기 때문이다.

앞서 말했지만 우리 경제의 뇌관으로 지목된 가계부채 규모는 1,000조 원에 육박하고 있다. 한국은행이 조사한 가계신용은 2012년 9월 말 기준 991조 7,000억 원에 달한다. 가계빚은 2004년 500조 원 수준에서 10년도 안 돼 두 배로 불어나 금리가 오르면 가계의 이자부담 상승, 소비 부진 등으로 우리 경제에 악영향을 미치게 된다.

국가부채도 1,000조 원에 이른다. 우리나라 정부와 공공기관의 총 부채규모는 988조 9,000억 원으로 국내총생산GDP 대비 77.7%에 이른다. 현재 공기업의 부채비율은 200%가 넘는다.

기업 주가가
연봉을 말한다?

해외여행을 하게 되면 누구나 애국자가 된다는 말이 있다. 외국의 공항이나 유명여행지에서 삼성전자 광고를 보거나 현대기아자동차 브랜드의 자동차가 씽씽 달리는 것을 볼 때마다 뿌듯함을 느끼면서 "우리나라 정말 대단하다"라고 생각하는 것이다.

유수의 글로벌 기업과 어깨를 견줄 정도로 성장한 우리나라 기업들을 해외에서 보는 것은 해당 기업에 종사하는 임직원과 총수뿐 아니라 이처럼 국민에게도 들뜬 감동을 준다.

하지만 현재 1등 기업들이 10여년 전에도 지금과 같은 수준은 아니었다. 2000년 1월 초 유가증권시장 상장 기업들 중 시가총액 순위 1위는 한국통신공사(현 KT)였다. 당시 삼성전자는 시가총액 순위 2위에 올랐다. 삼성전자 주가는 30만 원대, 시가총액은 45조 원대 수준이었다.

현대자동차의 시가총액 순위는 13위였다. 주가 2만 원대, 시가총액은 4조 원대에 불과했다. 당시 삼성전기(8위), 국민은행(9위), LG전자(10위)보다 순위가 낮았다.

시간을 훌쩍 뛰어넘어 2013년 11월 기준 주가를 보자. 삼성전자 주가는 147만 원대로 2000년 초의 5배에 육박한다. 시가총액은 210조 원을 넘어 순위는 1위에 등극했다. 현대차 주가는 25만 원대로 10배를 웃돌고 시가총액은 56조 원대로 불어나 순위는 2위로 껑충 뛰었다.

10년 전 잘 나가던 대기업들, 지금은 과연?

주식 시세표와 시가총액 순위를 보면 현재 잘 나가는 기업들을 알 수 있다.

2000년 초 한국통신공사(현 KT), 삼성전자, SK텔레콤, 한국전력, 포항제철(현 POSCO), 데이콤, 현대전자(현 SK하이닉스), 삼성전기, 국민은행(현 KB금융지주), LG전자 등 기업들이 시가총액 순위 10위에 있었다. 반면 현재 시가총액 순위 10위권에는 삼성전자, 현대차, 현대모비스, PSCO, 기아차, SK하이닉스, 신한금융지주, 현대중공업, NAVER 등의 기업이 올라 있다.

2000년 초 현대정공이란 종목명으로 주가가 6,000원대 수준에 불과하던 현대모비스는 현재 주가가 30만 원대로 시가총액 순위

3위에 올랐다. 14년이 지난 현재 기업들의 위상이나 기업의 상황이 엄청나게 달라졌음을 알 수 있다.

다른 예를 들어 보자. 2000년 초 시가총액 순위 6위인 데이콤이라는 기업은 당시만 해도 잘 나가던 통신회사였다. 한국데이타통신 주식회사DACOM(데이콤)는 한국통신공사와 삼성 등 일반 기업들이 나눠 투자해 1982년에 설립됐다. 1986년 국내에서 처음으로 PC통신사업인 천리안 서비스로 데이터 기반 통신시장을 주도했다.

그러나 데이콤은 인터넷이 부상하면서 쇠락하기 시작해 1999년 11월 반도체 빅딜로 LG그룹 계열사로 넘어갔다. LG데이콤은 2010년 1월 1일 LG파워콤과 함께 LG텔레콤(현 LG유플러스)에 합병되면서 사라졌다.

이처럼 한 때 잘 나가던 기업이 어느 순간 이름 없이 사라지는 건 전 세계 산업계에서 비일비재한 일이다. 대한상공회의소가 국내 1,000개 기업을 대상으로 조사한 결과 국내 기업의 수명은 27년 정도에 불과하다.

꾸준히 성장하면서 기업 가치를 끌어올린 기업에는 투자자들이 몰리고 주가는 오르기 마련이다. 현재 시가총액 순위 11~20위권에는 삼성생명, LG화학, 한국전력, SK텔레콤, KB금융지주, SK이노베이션, 삼성화재, 롯데쇼핑, 하나금융지주, LG전자 등 기업들이 이름을 올렸다.

LG와 KT&G, 우리금융지주, 삼성물산, 삼성중공업, 현대글로비스, SK, KT, LG디스플레이, S-Oil 등 기업들은 순위 30위권에 자리하고 있다.

　최고 주가를 누리는 이들 대기업 중에서 잠재 기업가치가 높다는 평가를 받는 곳들이 적지 않다. 실적 등 기업 성장과 주가 상승 가능성이 있다는 것이다.

　예를 들어 우리나라 증시와 산업계 대표주자 삼성전자의 주가수익비율PER은 애플 등 글로벌 경쟁사보다 낮은 평가를 받고 있다는 지적을 받고 있다. PER는 주가를 주당순이익으로 나눈 수치로 주가 수익성 지표이다. 2010년 이후 애플의 PER는 10배 이하로 떨어진 적이 없는 반면 삼성전자는 10배를 넘어선 적이 없다. 현재 애플의 PER가 삼성전자의 배에 육박한다. 현대자동차와 기아자동차의 PER 역시 6배 수준으로 8~10배 수준인 일본 도요타와 미국 GM에 못 미친다.

주가분석 지표 PER와 PBR

INSIDE TIP

* PER(주가수익비율 : price earning ratio) = 주가를 주당순이익(EPS, earning per share)으로 나눈 주가의 수익성 지표

* PBR(주가순자산비율 : Price Book-value Ratio) = 주가를 주당순자산가치(BPS : book value per share)로 나눈 비율로 주가와 1주당 순자산을 비교한 수치

20대 대기업의 2000년 초와 2013년 말 시가총액 순위 비교

순위	종목명	2000년 1월초		순위	종목명	2013년 11월말	
		종가(원)	시가총액(억 원)			종가(원)	시가총액(억 원)
1	한국통신공사	169,000	527,617	1	삼성전자	1,494,000	2,200,000
2	삼성전자	305,500	457,757	2	현대차	252,000	555,097
3	SK텔레콤	3,800,000	316,759	3	현대모비스	307,000	298,846
4	한국전력	36,000	230,360	4	POSCO	327,500	285,537
5	포항제철	142,000	137,002	5	기아차	60,400	244,839
6	데이콤	498,000	119,236	6	SK하이닉스	35,400	251,411
7	현대전자	25,750	89,850	7	삼성전자우	1,003,000	229,019
8	삼성전기	81,000	60,394	8	신한지주	44,500	211,019
9	국민은행	19,750	59,173	9	현대중공업	271,500	206,340
10	LG전자	51,500	55,273	10	NAVER	692,000	228,102
11	LG정보	175,500	54,229	11	삼성생명	102,000	204,000
12	삼성전자(1우)	203,500	48,623	12	LG화학	290,500	192,518
13	현대차	20,700	43,153	13	한국전력	32,000	205,429
14	담배인삼공사	22,000	42,018	14	SK텔레콤	226,000	182,485
15	LG화학	40,100	39,143	15	KB금융	39,700	153,382
16	한빛은행	4,150	36,291	16	SK이노베이션	144,000	133,150
17	주택은행	35,500	35,197	17	삼성화재	260,500	123,411
18	기아차	7,350	33,034	18	롯데쇼핑	392,000	123,444
19	신한은행	12,700	31,202	19	하나금융지주	39,700	115,088
20	SK	33,900	30,414	20	LG전자	68,400	111,935

(자료 : 한국거래소 제공. 2000년 1월4일과 2013년 11월30일 비교)

영원한 철밥통
기업은 없다

미국의 제너럴일렉트릭GE은 발명왕 토머스 에디슨이
1878년 차린 작은 전기조명회사에서 출발했다. 135년이 지난 지금
전 세계 160여 개국에 진출해 32만 명을 고용한 글로벌 대기업으로
성장했다. 전력생산과 전력관련 기기, 원자력발전 설비, 원자력 연
료, 제트엔진, 방송, 금융 등 업종을 다양화했다. 100년 넘게 미국
대표기업으로 생존하려고 치열한 변신을 거듭했다.

전 세계에서 GE와 같은 장수長壽기업을 찾기는 쉽지 않다. LG경
제연구원에 따르면 1990년 포천 500대 기업 중 2010년까지 500대
에 남은 기업은 24%에 불과하다.

국내에서도 1990년 100대 기업 가운데 2010년까지 순위 내에 살
아남은 기업은 30%에 지나지 않는다. 특히 외환위기 후 30대 재벌

중 절반이 사라졌다. 대우그룹과 진로그룹, 신동아그룹, 아남그룹, 기아그룹, 고합그룹 등 망한 그룹들은 과거 우리나라에서 한 때를 풍미하던 쟁쟁한 재벌이었다.

이처럼 산업계에서는 영원한 1등도 없고 영원히 살아남을 거라고 장담할 만한 기업도 없다. 그야말로 기업 역전이 가능한 시대다.

한 때 전 세계 자동차업계 강자로 군림하던 GM과 포드가 내준 자리에는 이미 도요타와 혼다, 현대자동차 등 기업들이 치고 들어왔다. 1980~1990년대 세계를 호령하던 소니나 2007년 핀란드의 대명사로 휴대전화시장 점유율 50%를 거머쥔 노키아는 소리소문 없이 강자의 자리에서 물러났다.

현재 국내 산업계 양대산맥인 삼성전자와 현대자동차가 언제까지 1~2위를 유지하면서 생존할지는 아무도 모른다.

한 때 잘 나가던 산업도 한순간 끝도 없는 침체에 빠질 수 있다. 2000년대 초만 해도 우리나라 아파트 광고는 톱스타 반열에 오른 연예인을 판단하는 잣대였다. 잘 나가던 건설업계가 당시 유명한 연예인들을 대거 아파트 광고 모델로 내세웠기 때문이다. 그러나 2008년 글로벌 금융위기 후 불황에 빠진 건설사들의 광고에선 이제 스타 모델은 찾아볼 수 없다.

장수기업의 비밀

그렇다면 오랜 기간 살아남는 장수長壽기업의 비밀은 무엇일까.

장인정신과 함께 끊임없는 기술개발, 품질 및 고객 만족 등 기업 활동에 대한 남다른 철학이 있어야 한다. 무엇보다 오래 살아남으려면 변화를 두려워해선 안 된다. 변화에 발 빠르게 대처하는 기업만이 장수할 수 있다는 것이다.

125년 역사의 코닥은 2012년 파산했다. 처음으로 디지털카메라를 개발했지만 필름사업에 대한 미련을 버리지 못한 채 시장흐름에 발 빠르게 변화하지 못한 것이 원인이었다. 파산으로 인해 30~40년 몸담았던 임직원 5만 명이 회사를 떠났다. 반면 후지필름은 사양길에 접어든 필름사업을 축소하는 등 구조조정을 단행하고 새로운 사업으로 영역을 넓혀 위기를 이겨냈다.

이처럼 지속성장을 달성한 기업들은 무엇보다 변화에 신속하게 적응했다는 특징을 지니고 있다. 기업이 성장을 지속하기 위해선 경영자가 현실과 미래에 대한 균형감각을 갖고 안정과 변화를 끊임없이 추진해야 한다.

장수기업의 비밀로는 변화와 혁신, 창조적 메커니즘, 핵심기술을 바탕으로 한 경영전략, 신뢰 있는 노사관계, 위기관리 능력 극대화, 장기적인 관점의 경영전략, 역량 있는 인재채용과 인프라 구축, 지속적 연구·개발 투자 등을 꼽는다.

삼성그룹은 연구개발과 인재경영을 중요시한다. 현대차그룹은 브랜드경영과 인재경영을, SK그룹은 연구개발과 브랜드경영을 각각 중요한 가치로 생각한다. 최근 중소기업들도 연구개발, 브랜드경영, 인재경영 등 요인을 기업경영의 핵심으로 두고 있다.

기업이 특히 지속적으로 발전하기 위해선 신규 사업 진출과 새로운 성장동력 확보를 위한 인수·합병M&A 등도 적극적으로 검토해볼 필요가 있다. 또한 오래된 기업은 그만큼 경쟁력이 내재돼 있어 계속 잘 나갈 수 있는 저력이 있다.

대한상공회의소의 〈상장기업의 평균수익률 분석〉 보고서를 보면 기업의 경영 성과가 40년 넘은 뒤부터 좋아진다고 했다. 수많은 위기와 어려움을 극복하는 과정에서 체질이 강화됐기 때문이다.

오래 갈 기업,
CEO를 보면 알 수 있다

앞서 말한 글로벌 대기업 제너럴 일렉트릭GE은 1896년 미국 주가 지수 다우존스공업지수 설계 때 포함된 8개 기업 중 아직도 지수에 남아있는 유일한 기업이다. 지속적으로 기업가치 성장을 이뤄냈고 현재 다양한 사업포트폴리오를 구성해 여전히 성장잠재력이 높은 글로벌 기업으로 꼽힌다.

이처럼 GE가 100년 넘게 건재함을 유지하는 데는 유능한 최고경 영사CEO가 큰 몫을 했다. 제프리 이멜트 회장은 13년째 최고경영자 CEO의 자리에 있다. GE의 8대 CEO인 잭 웰치가 9년을 고심한 끝에 그를 후계자로 낙점했다고 한다.

이멜트 회장은 좋은 리더의 첫 번째 요건으로 학습능력을 지목했다. 최고의 자리를 유지하기 위해 전문지식이 있고 똑똑한 사람을 가까이 두고 경청한다는 것이다. 학습능력은 리더의 자질인 동시에 인재를 뽑는 기준이기도 하다. 현재의 지식보다 학습을 통해 발전 가능성이 있는 인재를 원한다.

좋은 리더의 두 번째 요건은 결단력이다. 그는 반드시 이기겠다는 의지를 갖고 과감하게 결단해야 한다고 강조했다.

세 번째 요건으로는 스태미나stamina가 꼽혔다. CEO 개인의 '체력'과 수장으로서 밀고 나가는 '뚝심'을 얘기하는 것이다.

이미 열려 있는 문을 찾으려고 하지 말고 결코 포기하지 않는 뚝심으로 닫힌 문을 열어젖혀야 한다는 주장이다. 이멜트 회장의 모험과 도전 정신이 엿보인다.

뚝심 경영, 모험과 도전 정신이 정석

기업가 정신에 대해 "위험을 두려워하지 않고 포착한 기회를 사업화하려는 모험과 도전의 정신"이라고 말한 경제학자 피터 드러커의 말처럼 실제로도 국내외 산업계에선 이런 정신으로 똘똘 뭉친 CEO들이 탁월한 역량을 발휘하곤 했다. 때문에 CEO의 남다른 기업가 정신이 경영에 반영되면 기업이 지속발전 가능한 기업으로 성장할 수 있다고 학자들은 보고 있다. 기업이 생존하려면 위기와 도전, 위험을 언제든지 맞닥뜨릴 수 있다. 수많은 위기를 극복하는 데는 모험과 혁신, 불굴의 도전 정신은 필수다.

기업가 정신은 100년 넘은 GE뿐 아니라 건재하고 탄탄한 기업들에서 흔히 엿볼 수 있다.

애플의 창업자 스티브 잡스도 열정과 도전, 창의 등 기업가 정신으로 똘똘 뭉친 CEO로 알려져 있다. 시대의 변화를 앞서 읽는 통찰력과 지치지 않고 새로운 것을 추구하는 혁신, 실패를 성공의 디딤돌로 삼는 불굴의 의지가 지금의 애플을 있게 했다. 그럼에도 잡스는 "나는 여전히 배고프다 I am still hungry"며 기업가로서 꿈에 대한 끊임없는 도전과 열정을 드러냈다.

우리나라에서도 정주영 전 현대그룹 명예회장이나 이병철 삼성그룹 회장은 이런 도전정신으로 무장된 기업가로 회고된다. 정 전 회장이 생전에 임직원들에게 "해봤어?"라며 물으며 끊임없는 도전과 개척정신을 강조했던 것은 지금도 현대관련 그룹과 계열사들에 회자되고 있다.

삼성그룹 이 전 회장 역시 1980년대 초 '계란으로 바위치기'라는 지적에도 불구하고 반도체 투자를 결정해 지금의 삼성전자가 있게 했다.

CEO들은 인재를 뽑을 때도 이런 도전정신과 추진력이 강한 사람에게 높은 점수를 주고 있다. 전국경제인연합회 국제경영원IMI이 CEO 400여 명을 대상으로 한 설문조사에서 10명 중 4명이 도전정신과 추진력이 강한 인재를 원한다고 답했다. 또한 CEO 두 명 중 한 명은 핵심인재로 성장하기 위해서는 위기상황에서도 포기하지 않는 꿋꿋한 태도가 필요하다고 보고 있다.

불황에는
대기업도 장사 없다

대기업에 다니는 박 차장은 지방에서 중고등학교를 다니던 시절, 동네에서 공부 잘하는 형을 보면서 대우그룹에 입사하는 꿈을 키웠다고 한다. 대학에 입학한 후에도 한동안 박 차장은 막연히 열심히 공부해 대우그룹에 입사해야지 하는 생각을 했다고 한다. 그러나 박 차장은 졸업 무렵 대우그룹이 아닌 가장 먼저 입사통지서가 날아온 기업에 취직했다. 그룹이 해체되었기 때문이다.

대우그룹은 대우실업을 시작으로 1970년대 고도성장과 함께 급격히 성장해 1980년대에 기계, 자동차, 조선, 전자, 통신 등으로 진출, 국내 최대 재벌 대기업그룹으로 급성장했다. 그러나 대우그룹의 명성은 오래 가지 못했다. 외환위기를 겪으면서 대우그룹은 1999년 부도를 맞아 해체됐고, 계열사들은 구조조정을 거쳐 여기저기 팔려

나가는 신세가 됐다. 하루 아침에 직장을 잃은 임직원들도 새로운 직장을 찾기 위해 눈물의 발품을 팔아야만 했다. 만약 박 차장이 중고교 시절의 꿈을 계속 간직했다가 외환위기 전 대학을 졸업한 후 대우그룹에 입사했다면 어떻게 됐을까?

1946년 택시사업으로 출발한 금호아시아나그룹도 2006년 대우건설, 2008년 대한통운을 인수하면서 승승장구했으나 2008년 글로벌 금융위기에 무릎을 꿇었다. 2010년 1월 유동성 악화와 계열사들의 실적 악화로 그룹의 모기업인 금호산업과 금호타이어가 워크아웃에 들어가면서 그룹은 사실상 명맥만 남게 됐다.

대마불사大馬不死 신화는 없다

어렵게 대기업그룹에 취직했더라도 이처럼 몸담고 있던 그룹이나 회사가 망하면 가장 타격을 입는 건 직원들이다. 직장을 잃고 거리로 나앉거나 감봉이나 임금체불 등으로 생계를 위협받기 때문이다. 외환위기와 글로벌 금융위기 등 위기를 겪고 불황이 깊어지면서 이처럼 구조조정의 아픔에 직면해본 적이 있는 월급쟁이가 적지 않다.

한 때 우리나라 산업계에서 승승장구하던 대기업그룹 가운데 외환위기 전후로 한보그룹과 기아그룹, 동아건설, 신동아그룹, 진로그룹, 쌍용그룹, 해태그룹 등이 대우그룹처럼 줄줄이 해체됐다.

2008년 글로벌 금융위기 이후로는 금호아시아나그룹과 웅진그룹, STX그룹, 동양그룹 등 대기업그룹이 연이어 유동성 위기에 발목이 잡혀 고전했다. 이들 그룹에서 인생을 걸고 구슬땀을 흘린 직장인들은 졸지에 대기업 다니는 직장인에서 실업자 또는 어려운 기업에 다니는 직장인으로 전락했다.

대마불사大馬不死(큰 말은 죽지 않는다)로 여겨지던 대기업그룹의 해체는 대기업 취직 자체가 철밥통이라는 오래된 고정관념을 깨뜨리기에 충분했다. 더구나 글로벌 금융위기 이후 조선과 해운, 건설 등 업종은 좀처럼 회복 기미를 보이지 못하고 있다. 여전히 국내에서 상당수 대기업그룹이 어려움에 직면해 있다는 얘기이다.

전국경제연합회는 2014년 산업계에서 자동차와 석유화학산업은 완만한 회복국면에 진입할 것이나 전자·조선·철강·건설 산업은 다소 전망이 불확실하다고 진단했다.

한국은행이 국내 1,700여 기업을 분석한 결과 부채비율이 200%를 넘는 대기업 중 적자기업이 차지하는 비중은 55%에 이른다. 부채과다 대기업 10곳 중 6곳 이상이 은행 등에서 돈을 구하기 어려워 만기 1년 미만 단기성 차입금에 의존하고 있는 것으로 조사됐다. 세전 순이익으로 이자 비용을 감당하기 힘든 위험기업은 전체의 30.8%에 달했다.

고 차장은 최근까지 잘 나가던 대기업에 다니고 있다. 얼마전만해도 15년차인 고 차장이 연봉과 성과급 등 회사에서 받은 대가는 1년에 1억 원 수준이었다. 고 차장은 1년에 해외 가족여행을 한 번 이상 다녀왔다. 2년에 한 번 자동차를 바꾼 동료도 있었다. 그러나 회사가 최근 적자에 시달려 적어도 2년 동안 성과급을 못 받을 처지에 놓였다. 다행스럽게도 연봉이 깎이지 않는다 해도, 기존에 받던 총 수령액의 절반 가까이가 깎이게 됐다. 해외여행은 고사하고 초등학교에 다니는 자녀의 사교육비도 대폭 줄여야 한다.

이처럼 잘 나가던 대기업도 한 순간 위험에 처할 수 있는 산업계의 취업 전선에서 오랜 기간 끄떡없는 건실한 선택하기란 쉽지 않다.

취업준비생의 대기업 선호 심화

그럼에도 대졸 취업 준비생의 대기업 선호현상은 갈수록 심화하고 있다.

취업 준비생이 대기업을 선호하는 이유로는 상대적으로 높은 연봉과 든든한 복지후생제도, 쾌적한 근무환경, 인지도 등 다양하다.

대기업도 어려운 상황인 만큼 중소기업이나 벤처기업은 외풍에 더 흔들릴 만큼 불안하지 않겠느냐는 인식도 취업 준비생의 대기업 선호 심리를 부추겼다. 실제 한국경영자총협회 조사결과 대기업 입사 경쟁률이 중소기업의 무려 5배에 이른다. 2013년 대기업 입사 경쟁률은 31.3대 1로 2008년 30.3대 1보다 높아졌다.

중소기업 취업 경쟁률은 6.0대 1로, 2008년 8.4대 1보다 낮아졌다. 이런 현실에서도 대기업 입사의 꿈으로 사는 취업준비생이 많다. 대기업 취업은 마치 전쟁과도 같다.

2013년 하반기 5,500명을 뽑는 삼성그룹 신입 공개채용에는

10만 명이 몰려 경쟁률이 18대 1을 나타냈다. 다른 대기업도 사정은 다르지 않다. 현대차그룹은 1,200명 모집에 12만 명 이상 지원자가 몰려 경쟁률이 사상 처음으로 100대 1을 넘었다. SK그룹도 600명 모집에 5만 200여 명이 지원해 90대 1에 가까운 경쟁률을 보였다.

100명을 뽑은 하나은행 신입행원 공채에는 1만 3,400명의 지원자가 몰려 경쟁률이 134대 1에 달했다. 우리은행, 신한은행, 기업은행 등 은행들의 신입행원 채용 경쟁률도 90~100대 1을 기록했다.

잘 만난 중소기업,
열 대기업 안 부럽다

중장기적으로 볼 때 대기업과 중소기업의 생존 가능성은 어떨까?

경제개혁연구소가 2000년에서 2012년까지 13년 간 기업의 성장-쇠락-소멸 과정을 분석한 결과 한 단계 이상 성장한 기업 비율은 전체의 23.18%(2,698개), 현상유지기업 56.52%(6,578개), 쇠락기업 7.72%(898개), 소멸기업 12.58%(1,464개) 등으로 나타났다. 소멸기업 중에서 소기업 비중이 60%로 중기업(37.1%), 중견기업(2.3%), 대기업(0.5%) 등 규모가 큰 기업보다 압도적으로 높다.

그러나 2000년 당시 소기업 가운데 13년 후 대기업으로 폭발적으로 성장한 기업이 15개(0.28%), 중견기업으로 성장한 기업은 40개(0.75%)로 각각 조사됐다. 중기업으로 성장한 기업 비중은 전체의

40.66%로 나타났고 여전히 소기업 현상을 유지한 비율은 41.77%로 집계됐다. 반면 2000년 대기업 중에서 현재까지 대기업 지위를 유지하고 있는 곳은 65.5%(78개)로 나타났지만, 21.0%(25개)는 중견기업으로 축소됐고 5.88%(7개)는 중기업, 1.68%(2개)는 소기업으로 각각 쇠락했다.

이처럼 경영지표 하위 20% 기업들이 중기업과 중견기업, 대기업으로 성장한 사례도 있지만 상위 20% 기업이 소기업 등으로 추락한 사례도 적지 않은 것이다.

일자리 창출 효과, 작은 고추가 맵다

일자리 창출 관점에서 볼 때에도 대기업 자체의 성장보다 중견기업이 대기업으로 성장하거나 중기업이 중견기업으로의 성장, 소기업의 중기업으로 성장한 사례가 더 큰 효과를 보였다. 회사당 평균 고용인원은 2000년 소기업이 성장 단계별로 4.2배(중기업), 15.7배(중견기업), 33.0배(대기업) 등으로 늘어났다.

중기업은 성장 단계별 평균 고용인원이 2.9배(중견기업), 12.9배(대기업)로 각각 늘어났고 중견기업이 대기업으로 성장했을 때 평균 고용인원은 3.1배 증가한 것으로 분석됐다.

기업 성장의 산술적 고용 확대효과를 보면 소기업에서 중기업으로 성장할 때 14만 595명, 중기업에서 중견기업으로 성장할 때 7만 8,778명, 중견기업에서 대기업으로 성장했을 때 5만 2,416명이 각각 증가한 것으로 추정됐다.

순투자 증가 규모에서도 소기업의 성장 단계별 개선세가 뚜렷하다. 소기업은 성장 단계별 순투자 증가규모가 7.3배(중기업), 48.8배(중견기업), 127.9배(대기업) 등으로 불어났고 중기업은 2.9배(중견기업), 7.1배(대기업) 증가하는 데 그쳤다. 반면 중견기업이 대기업으로 성장했을 때 순투자규모는 5.6배 늘어났다. 즉 고용증가와 순투자증가 모든 측면에서 소기업 등 작은 규모 기업의 성장 결과가 중기업이나 중견기업의 성장보다 큰 효과를 보였던 것이다.

다시 말하면 성장 사다리정책의 초점은 중기업이나 소기업 등에 집중돼야 한다는 것으로, 정부가 추진해온 혁신형 중소기업 발굴과 육성 정책을 더 강화해야 한다는 의미다.

우리나라는 반세기 만에 세계 10위권 경제대국으로 급성장한 국가이다. 하지만 대기업 중심으로 성장을 해오다 보니 기업 간, 산업 간 양극화와 양질의 일자리 감소 등 문제를 낳았다. 기업 성장을 위해서는 중장기적으로 독일이나 일본처럼 대기업 중심의 패러다임에서 중소기업 중심의 성장패러다임으로 전환해야 한다는 지적이 많다.

한 국경영자총협회가 355개 기업을 대상으로 '2013년 신입사원 교육·훈련과 수습사원 인력관리 현황'을 조사한 결과 수습 과정을 통과하지 못한 인원 중 비자발적 퇴사 비율은 대기업 3.2명, 중소기업 3.1명으로 비슷했다. 그러나 자발적 퇴사인원은 중소기업이 16.2명으로 대기업 8.2명의 두 배에 달했다. 청년 실업과 취업난 속에서도 중소기업은 여전히 인력운용에서 어려움을 겪고 있다는 것을 반증하는 것이다.

독일의 경우 대기업 집중도가 높은 우리나라와 달리 히든챔피언 Hidden Champion(대중은 잘 모르지만 각 분야에서 시장을 지배하는 우량 강소 기업)이라 불리는 작지만 강한 중소기업들이 일자리 창출과 지역경제 활성화를 주도하고 있다.

정부는 2017년까지 고용률 70% 달성 목표를 세웠다. 이러한 목표의 달성은 대기업의 성장만으로는 쉽지 않고 산업계의 98%를 차지하고 있는 중소기업에서 양질의 일자리가 늘어나야 가능한 일이다.

중소기업은 한꺼번에 많은 인력을 채용하는 대기업에 비해 취업 후 자신의 역량을 발휘하고 전문가적 실력을 키울 수 있는 기회가 많다는 장점이 있다. 그러나 임금과 복지 등 수준이 대기업의 절반에도 못 미칠 만큼 열악하다 보니 청년들로부터 외면 받고 있다.

작지만 강한 중소기업을 키우는 것만이 일자리 문제와 날로 양극화되는 소득문제를 해결할 수 있을 것이다.

5장

부족한 2%를 채워주는
연봉의 완성법

수당, 챙기는 사람만
찾아 먹는다

우리나라 수출의 원조격인 건설사들의 해외 진출은 국가적으로 외화벌이의 성과를 가져다줬을 뿐 아니라 해외건설 인력들에게는 동료들보다 많은 돈을 벌 수 있는 기회를 제공했다. 기본적인 월급(호봉제) 외에 '해외근무 수당'이 지급됐기 때문이다. 현장별로, 직급별로 등급을 나눠 수당이 별도 지급되고 고단한 해외생활을 하는 근로자를 달래주기 위한 독신수당이라는 것도 있었다. 아무튼 건설사에서 해외공사 현장 근로자의 임금은 같은 직급의 국내 근로자의 1.8~1.9배에 이른다.

최근에도 해외 현장 근무자의 임금이 국내 근로자의 1.9배 가량 높은 체계가 유지되고 있지만 대다수 건설사들이 임금체계를 연봉제로 전환하면서 상당수 수당 명목은 사라지게 됐다.

수당은 회사가 정상 근무 외에 작업이나 근무를 하는 근로자의 의욕을 고취시키기 위해 지급하는 일종의 보너스다. 기업들은 근로자의 세금 및 4대보험을 줄이고 기업의 퇴직금 부담 및 4대보험 부담을 낮추려는 목적으로 기본급을 줄이고 수당을 늘리기도 한다.

예를 들어 식대(10만 원), 차량유지비(20만 원), 육아수당(6세 미만 자녀)(10만 원), 국외근로소득(월 100만~300만 원), 취재수당(월 20만 원 이내), 벽지수당(월 20만 원 이내) 등이다. 육아휴직수당이나 일숙직비, 생산직근로자 야간근무수당, 4대보험 회사부담금 등도 비과세된다. 현대자동차 현장근로자에게 적용되는 임금을 보면 기본급은 40%에 불과하고 각종 수당이 더 많다.

법정수당으로는 연차근로수당, 시간외 근로수당(휴일근로수당·연장근로수당·야간근로수당), 월차수당(주 44시간 근무 사업장), 생리수당, 산전후휴가수당, 휴업수당 등이 있다. 법정수당은 급여처럼 사유가 발생한 날로부터 3년 내까지 받을 수 있다.

연차수당은 사용하지 않은 연차휴가에 대한 대가로 받을 수 있는 수당이다. 주 44시간 적용 사업장에서 1개월 만근을 하면 하루는 월차를 내고 쉴 수 있다. 월차를 쓰지 않았을 때 받을 수 있는 것이 월차수당이다.

연장근로수당은 하루 8시간 이상 근무하거나 1주 40시간 또는 44시간 이상 근무할 때 받을 수 있으며, 밤 10시부터 다음날 오전 6시까지 근무로 별도로 받을 수 있는 보수가 야간근로수당이다. 휴일에 일하면 통상임금의 50%를 추가로 받을 수 있다.

근로기준법상 근로자 5명 이상 사업장은 사용자가 의무적으로 지급토록 규정한 연장근로수당 등 법정수당을 지급하지 않으면 처벌을 받는다. 사업규칙이나 회사 내규에 따라 적용되는 비법정수당도 있다. 예컨대 부양가족의 수에 따라 일정 금액이 지급되는 가족수당과 근속 연수에 따른 장기근속수당을 두는 곳도 있다. 이외 직책수당·통근수당·주택수당도 이에 해당한다.

앞서 언급했듯이 우리나라 공무원 조직은 수당 천국이라고 해도 과언이 아닐 정도로 많은 종류의 수당을 갖추고 있다.

수당, 연봉제에 넣을까, 말까?

그러나 연봉제를 채택한 회사마다 법정수당과 비법정수당을 별도로 두는 곳이 있는가 하면 그렇지 않은 곳도 있는 등 천차만별이다.

연봉제의 유형에는 기본급과 모든 수당을 연봉액에 포함한 단일 연봉액(업적연봉), 수당을 포함한 기본연봉과 업무성과에 따라 지급하는 업적연봉만으로 구성된 연봉제도 있다.

또 직무수행능력 정도를 고려한 기본연봉(직능급)과 업적연봉으로 짜인 연봉제, 직무수행능력 정도를 고려한 기본급과 제수당을 합친 기본연봉과 업적연봉으로 연봉총액을 구성하는 회사도 있다.

사례를 들어보자.

기본연봉[(기본급·식대비·관리수당·직무수당)×12]+업적연봉+제수당(휴가비·생일비·효도비 등)과 연봉외급여로 법정수당(야근·휴일근무·

연장수당·연차수당·월차수당)과 변동급(가족수당·통신비·면허·자격수당·영업수당 등)으로 연봉을 구성하는 것이 기준이다.

반면 종업원이 10명 이내인 국내의 A벤처기업은 연봉총액만 둘 뿐 모든 수당을 별도로 지급하지 않는다. 국내 B기업도 연봉총액에 특근수당을 뺀 대다수 수당을 포함한 연봉제로 전환했다. 하지만 연봉제를 실시하더라도 근로기준법상 근로시간·휴일·휴가 조항이 적용된다. 따라서 연장·야간·휴일근로수당·연차휴가 등 수당을 포함해 연봉총액을 책정하는 것은 원칙적으로 근로기준법 위반에 해당한다. 중요한 것은 연봉계약서에 연봉총액을 기본급이나 통상임금, 상여금, 법정제수당, 퇴직금 등으로 세분화해 명시해야 한다는 점이다.

계약서에 연봉총액만 적어놨다면 기준 시간을 초과한 연장근로와 연·월차휴가수당을 별도로 줄 의무가 있다. 앞서 언급했듯이 단순히 연봉제라는 이유로 법정수당을 지급하지 않는 것은 근로기준법 위반이기 때문이다. 다만 업무상 필요하다고 인정되는 범위에서 근로자 본인 동의를 얻어 법정수당 등 제수당을 연봉에 포함하는 포괄연봉제를 도입할 수도 있다. 미리 예정된 연장·야간·휴일근로 초과 근로 수당은 징신해 지급해줘야 한다.

연봉 1% 올리는 것보다
복지제도 활용이 낫다

50대 초반인 하 부장이 다니는 직장은 자녀의 유치원부터 대학교 등록금까지 지원해주고 있다. 그는 39세에 결혼해 현재 초등학교 5학년생, 1학년생 두 자녀를 두고 있다. 정년까지 다니더라도 두 자녀의 대학 등록금 혜택을 받지 못한다. 하 부장은 자녀 학자금 지원과 같은 복지제도는 과거 20대에서 30대 초반에 결혼한 4인 가족을 기준으로 만들어진 구시대 유물이라고 비난했다. 결혼의 형태와 가족 구성이 다양해진 최근의 사회를 반영하지 못한다는 것이다.

한 직장 내에서도 하 부장처럼 늦은 결혼을 하거나 아예 결혼을 하지 않은 미혼, 이혼 경험이 있는 직원이 적지 않다. 미혼 직원들은 가족수당이나 자녀 학자금 지원과 같은 복지혜택을 전혀 누릴 수 없다. 즉 하 부장의 주장은 전체 직원이 똑같이 골고루 누려야할 복지혜택이 일부 직원들에게만 돌아가는 것은 불합리하므로 최근 사회에 맞게 사내 복지제도를 바꿔야 한다는 것이다.

연봉제 도입과 함께 많이 늘어나고 있는 것이 바로 이러한 사내 복지다. 그 근본 취지는 임직원들의 애사심을 끌어올리고 일할 의욕을 고취시켜 이직할 마음이 들지 않도록 한다는 데 있다. 연봉 외 일종의 보너스로 보면 된다.

복지도 일종의 보너스, 일할 의욕이 쑥쑥

글로벌 기업 구글이 미국 경제전문지 포천이 선정한 미국에서 가장 일하기 좋은 직장으로 매년 꼽히는 것도 바로 환상적인 복지제도 때문이다.

구글은 사망한 직원의 유가족에게 10년 간 매년 연봉의 절반을 지급하는 정책을 실시하고 있다고 한다. 다양한 메뉴의 식사와 간식 제공은 기본이고 근무시간 탄력 운영, 장기 출산휴가, 탁아소 운영, 무료 마사지 서비스 등 다양한 혜택을 제공한다. 또한 직원들의 여가를 위해 종합복지관이나 농구장 등 스포츠시설도 개관했다. 친구이 띠고 없을 지경이디.

우리나라 기업들이 시행하는 기본적인 후생복지제도로는 학자금과 여가생활, 의료(건강검진) 등 지원을 꼽을 수 있다. 예를 들어 삼성그룹은 회사별로 장학제도와 교육시스템을 두고 자녀의 학비와 양질의 교육 기회를 제공하고 있다.

다양한 문화교양 프로그램, 휴양소와 스포츠레저 활동지원, 건강검진과 질병치료 등 의료지원, 노후를 위한 연금지원 등 다양한 복리후생제도가 도입됐다. 이외 그룹마다 기업마다 국내외 여행지의 호텔이나 식당·쇼핑센타 할인 혜택을 직원들에게 제공하는 곳도 있다. 돈을 기준으로 할 때 이런 복지제도는 잘만 활용하면 연봉 외에 보너스가 될 수 있다.

또 벤처기업이나 중소기업 등 신생 기업들 중에선 직원들의 일할 의욕을 고취시키기 위한 이색적인 복지제도를 도입한 곳도 있다. 명절에 선물을 보내거나 임직원들의 생일을 챙겨 꽃과 케이크나 선물을 배달하고 여름과 겨울 휴가철에 콘도를 제공하는 등 형태도 다양하다.

직장인을 대상으로 한 설문조사에서 최근 20~30대 직장인들이 가장 선호한 사내 복지로 '해외여행'이 꼽혔다. 이외에도 회사에서 옷 구입비 지원, 무한 제공 소개팅, 데이트 비용 지원, 영화관 대관, 조기 퇴근, 동아리 활동 등 이색적이다. 또 다른 설문조사를 보면 최근 졸업을 앞두고 있는 대학생 등 젊은 구직자들은 취직할 기업을 고를 때 연봉이나 기업의 규모가 아닌 기업의 이미지와 복지제도, 근무환경 등을 더 중요하게 생각하고 있는 것으로 조사됐다. 그만큼 최근 젊은이들은 일할 맛이 나는 사내 분위기가 조성된 기업을 선호하는 경향이 있다.

또한 일부 기업들이 '선택적 복리후생 제도'를 잇따라 도입하고 있다. 이는 원하는 음식만 골라 담아 먹을 수 있는 카페테리아식 복지제도라고도 불린다. 직원이 회사가 제공하는 다양한 복리후생 항목 중에서 일정금액 한도 내에서 원하는 항목만 선택할 수 있기 때문이다.

KT는 선택적 복지포인트를 제공해 자기계발과 문화레저, 건강관리 등에 사용하도록 하고 있다. 자녀의 학자금 지원, 주택구입이나 전세자금 마련 등 주택자금 지원, 기숙사와 사택 지원도 가능하다.

LG전자도 임직원들에게 매년 선택적 복리후생포인트를 지급한다. 직원들은 금액 내에서 물품을 구매할 수도 있고 자기계발이나 여가활용에 쓸 수 있다. SK텔레콤도 임직원들을 위해 자기계발과 가정·건강관리를 위한 지원, 장기근속자를 위한 리프레쉬 제도 도입, 휴양시설과 가족캠프 지원, 우리사주조합 운영과 의료비 등 지원활동을 하고 있다.

NHN은 경기도 분당 그린팩토리에 편의시설을 구축하고 다양한 혜택을 제공하고 있다.

13월의 월급?
연말정산의 허와 실

매년 연말부터 이듬해 1~2월까지 직장인들은 연말정산을 위해 한해 얼마를 벌어들이고 얼마를 썼는지를 꼼꼼하게 따져봐야 한다.

연말정산이란 국세청이 매달 간이세액표에 따라 원천징수한 세금을 연말에 다시 따져보고 실소득보다 많은 세금을 냈으면 그만큼을 돌려주고 적게 거뒀으면 더 징수하는 것을 말한다. 보통 더 많은 세금을 걷고 연말정산 때 일정 금액을 돌려받는 직장인이 많았다. 따라서 직장인들은 연말정산으로 돌려받는 세금을 '13월의 월급'이라며 반겨했다. 어차피 자신이 더 낸 세금을 돌려받는 것에 불과하지만, 월급 외 두둑한 돈이 통장에 들어오면 보너스와 같이 느껴지기 때문이다.

그러나 앞으로는 이러한 깜짝 재미를 느끼기도 쉽지 않아졌다. 정부가 2014년 마련한 세법 개정안에선 전 소득계층에 대한 근로소득 공제율이 낮아져 중산층·고소득층·저소득층에 대한 근로소득세 부담이 늘어나게 됐기 때문이다.

세법이 소득액의 일부(지출)를 비용으로 빼고 세금을 부과하는 현행 소득공제 방식이 아닌 '세액공제' 방식으로 바뀌었다. 세액공제란 공제 대상인 비용도 소득에 포함시켜 계산한 납부세액의 일부를 돌려주는 형식이다.

소득공제에서는 비용이 많을수록 산출세액의 부과기준인 과표기준이 낮아져 고소득자에게 유리했다. 비용의 일부 또는 전부를 세율만큼 돌려받을 수 있었기 때문이다. 그러나 세액공제 방식이 적용되면 세액공제비율 만큼만 돌려받는다. 비용이 많은 근로자는 과표기준이 높아지고 공제혜택이 축소될 수 있다.

최종 산출세액은 과세표준 금액에 종합소득세 세율을 적용해 계산한다. 과세표준 금액이 증가하면 높은 세율을 적용받아 소득세 부담이 늘어날 수 있다. 특히 소득공제에서 세액공제로 전환될 비용 항목은 교육비와 의료비 등이다. 따라서 이들 비용이 많은 중산층의 세(稅)부담이 커질 수 있다.

현재 교육비는 본인의 경우 전액, 대학생 900만 원, 초중고생 1명당 300만 원 한도에서 공제혜택이 주어진다. 의료비는 총급여의 3% 초과금액이 인정되며 한도는 700만 원이다.

예를 들어 연봉 1억 원인 사람이 연간 교육비 1,000만 원, 의료비

700만 원의 소득공제를 받았다면 1,700만 원이 비용으로 인정되므로 과표기준은 8,800만 원 이하로 세율 24%가 적용된다. 하지만 이들 비용마저 소득으로 잡히면 세율은 35%로 높아진다.

연말정산 환급액도 줄어든다. 세액공제율이 10%라고 할 때 비용 1,700만 원에 대한 환급은 종전 408만 원(1,700만 원×0.24)에서 170만 원(1,700만 원×0.1)으로 줄어든다. 과거 정부가 내수경제 활성화를 위해 장려했던 신용카드의 소득공제는 단계적으로 줄어들 것으로 보인다.

총급여액이 4,000만 원인 직장인이 연 신용카드 사용액 1,300만 원을 썼다고 가정하자. 과거에는 총급여 25% 초과분인 300만 원 중 15%(적용 소득공제율)인 45만 원을 공제받았지만, 2014년부터는 공제율 10%를 적용해 공제액이 30만 원으로 줄어든다. 따라서 신용카드 공제로 돌려받는 금액은 6만 7,500원에서 4만 5,000원으로 줄어드는 것이다.

반면 현금영수증과 체크카드 사용액에 적용하는 공제율은 30%가 적용된다. 즉 신용카드보다 공제율이 높은 체크카드를 많이 사용하는 것이 유리한 것이다.

퇴직금, 미리 손대서
좋을 것 하나 없다

15년 된 A기업에서는 설립 초기에 매년 직원들의 퇴직금 중간 정산 요구가 많았다. 직원들 사이에서는 회사가 설립된 지 얼마 안 된 신생회사여서 언제 망할지 모른다는 불안감이 있었기 때문이다. 그러나 회사 입장에서도 매년 임금 외 퇴직금이라는 추가 비용이 들어가긴 하지만 나쁘지 않았다. 퇴직금을 바로바로 정산함으로써 회사 부채비율을 낮출 수 있고 장기적으로 보면 수년 후 퇴직금을 정산해주는 부담보다 입시 초기 지급부담이 작기 때문이다.

퇴직금은 계속근로연수(재직일수/365)에다 30일분의 평균임금을 곱해 산정하기 때문에 근속연수가 많을수록 금액이 커진다. 이런 이유로 연봉제 도입 기업들 중에서는 임의로 급여와 퇴직금을 구분하지 않거나 퇴직금을 연봉에 포함시켜 매년 중간 정산해 지급하는 사례가 적지 않게 일어났다.

직원들도 매달 받는 월급에 포함되거나 연말에 중간정산 받는 퇴직금을 보너스처럼 여기고 생활비나 주택자금마련 등에 써버렸다. 하지만 근로자 입장에선 퇴직 후 목돈을 챙길 수 없어 불리할 수밖에 없다.

퇴직금은 퇴직 후 받아라

이런 형태의 퇴직금 지급은 사실상 임금지급으로 불법이다. 근로기준법 제34조 규정에 의한 법정 퇴직금은 연봉제든 계약제든 구분 없이 매달 급여에 포함해 지급할 수 없게 돼 있다. 판례에서도 회사가 근로자로부터 퇴직금 사전 지급 약정서를 받고 매달 또는 매년 퇴직금을 중간 정산했더라도, 이 역시 퇴직금을 지급했다고 볼 수 없다고 결론을 지었다. 퇴직금은 회사가 1년 이상 재직한 근로자의 근로 대가 중 일부를 떼어놨다가 퇴직할 때 일시에 주는 후불 성격의 임금으로 봐야 한다.

일부 소규모 기업은 아예 퇴직금 자체를 도입하지 않기도 한다. 하지만 근로자퇴직급여보장법 시행령 개정으로 4인 이하 사업장도 퇴직금제도 도입이 의무화됐다.

고용노동부는 2012년 근로자퇴직급여 보장법 시행령 및 시행규칙을 개정해 퇴직금 중간정산을 주택 구입이나 파산 등 법으로 규정된 예외조항을 제외하고 모두 금지했다.

연봉제를 시행하는 기업도 1년 단위 퇴직금 중간정산을 할 수 없다. 사측이 마음대로 중간정산을 해서도 안 된다. 퇴직금 중간정산은 본인 명의의 주택을 구입하거나 본인 및 부양가족의 6개월 이상 요양, 전세자금이 필요하거나 임금피크제 적용을 받는 근로자, 최근 5년 내 파산 선고 및 개인회생절차 개시 결정 등 특별한 사유에 한해서만 가능하다.

근로기준법상 사용자는 근로자가 퇴직할 때 14일 내에 퇴직금을 지급해야 할 의무가 있다. 기간 내 퇴직금을 받지 못했다면 관할 노동청에 진정을 제기할 수 있다. 사규 등에 퇴직금에 대한 규정이 별도로 있는 회사는 규정에 따라 퇴직금을 지급하면 된다.

별도 퇴직금 규정이 없는 회사는 근로기준법 등에 따라 계산해 퇴직금을 지급하되 해당 퇴직금이 법에서 정한 퇴직금보다 적으면 그 차액도 회사가 내줘야 한다.

또 근로자퇴직급여보장법 제4조에 따라 회사는 퇴직급여제도를 선택해야 한다. 근로자가 퇴직할 때 약정된 금액을 회사가 직접 지급하는 퇴직금제도(퇴직 전 3개월 평균임금×근속연수) 외에 확정급여형(DB형) 퇴직연금과 확정기여형(DC형) 퇴직연금 등으로 나뉜다.

DB형 사업주는 매년 일정액의 퇴직연금 적립금을 퇴지연금사업자(은행 등 금융회사)에 운용을 맡긴다. 근로자는 운용 결과에 상관없이 퇴직할 때 연금사업자로부터 법정퇴직금을 받는다.

반면 실적배당형 상품인 DC형에 가입한 회사는 근로자의 연간 임금총액의 1/12을 퇴직연금사업자에 적립해준다. 근로자는 퇴직할 때 법정퇴직금이 아닌 연금사업자로부터 적립액을 받는데, 운용 결과에 따라 이익 또는 손실이 날 수 있다. 2012년 12월 말 기준 퇴직연금 적립액은 67조 3,000억 원으로 집계됐으며 전체 상용근로자 952만 명 중 438만 명이 가입해 퇴직연금 가입률은 46%를 기록했다.

사업장 규모별 퇴직연금 도입비율은 500명 이상 86.5%, 300~499명 사업장 61.3%, 100~299명 사업장 48.9% 등이다. 30명 이하 사업장의 퇴직연금 도입률은 12%에 불과하다.

전체 적립금의 73.8%인 50조 원 가량이 DB형에 가입됐고 나머지 12조 원(18%) 정도가 DC형을 선택했다.

줄줄 새는
월급봉투 틀어막는 법

호봉제 기업과 연봉제 기업에 다니는 직장인이 느끼는 차이점 하나는 매달 통장에 찍히는 월급액수가 다르다는 것이다.

호봉제 직원들은 매달 기본급을 적게 받지만, 분기마다 상여금이 듬뿍 들어온다. 목돈이 필요한 사람들은 한 두어 달 배를 주리면서 목을 빼고 상여금 들어올 날을 기다리곤 한다.

그러나 연봉제 직원들은 별도의 상여금을 받을 일이 없다. 기본급과 상여금 등 총액을 12로 나눠 균등하게 나눠 매달 받는 연봉제 직원들은 목돈이 들어올 일이 없어서 꼼꼼한 월급 관리가 필요하다.

직장인들이 월급을 전부 사용하는 데 평균 16일이 걸린다고 한다. 다음 달 월급이 들어오기 전까지 보름 정도는 기근에 시달리며 지내는데, 이를 '월급고개'라고 한다. 직장인 10명 중 6명이 이런 월급고개를 겪고 있다.

온라인 취업포털 사이트 사람인이 직장인 5,531명을 대상으로 설문조사한 결과 64.3%가 월급고개를 겪고 있다고 대답했다. 월급을 닷새에서 열흘 내에 다 써버린다고 답한 직장인도 전체의 18.5%나 된다.

절반 이상의 직장인이 이런 월급고개를 겪는 가장 큰 이유로 물가 상승과 박봉을 꼽았다. 주택담보대출이나 할부 등 빚 부담이나 과도한 생활비, 불규칙한 지출·무계획적인 과소비, 자녀 양육비 등도 월급계좌를 지켜주지 못하는 요인이다.

직장인 월급고개, 합리적인 지출로 넘겨라

그럼 직장인들은 매달 얼마나 저축을 하고 있을까.

취업포털 잡코리아가 20~30대 남녀 직장인을 대상으로 한 '월급 관리 및 노후대비'에 관한 설문조사 결과 30대 직장인 평균 저축액은 약 70만 원에 불과했다. 저축액은 미혼이 평균 71만 9,469원으로 기혼의 70만 7,692원보다 조금 많은 것으로 나타났다.

응답자 10명 중 2명은 월급여의 20%를 저축하고 있다. 하지만 10명 중 2명은 매달 저축액이 월급의 10%도 안 된다.

보통 직장인의 월급 지급일은 25일이다. 김 대리는 카드값 결제일을 월급날로 맞춰놓았다. 매달 25일 월급이 계좌에 찍히면 제일 먼저, 그리고 가장 많이 신용카드 값이 빠져나간다. 김 대리는 지갑에 신용카드 2개와 체크카드 1개를 담고 다닌다. 주로 신용카드를 사용하고 현금은 안 갖고 다닐 때가 대부분일 정도로 거의 쓰지 않는다. 그러다 보니 한 달에 신용카드를 얼마나 긁었는지 모를 정도로 쓰는 게 일상다반사다. 요즘 직장인들은 김 대리처럼 현금보다 외상 결제인 신용카드를 주로 사용하기 때문에 규모 있는 경제활동을 하기가 쉽지 않다. 대다수가 매일매일 집에 가서 오늘 하루 카드를 얼마나 긁었는지를 꼼꼼하게 계산해보지 않기 때문이다. 따라서 김 대리처럼 월급에서 빠져나가는 비용 중 카드값이 가장 큰 비중을 차지하는 직장인들이 태반이다.

여기에 전세금이나 주택담보대출 이자나 원룸·오피스텔 월세 등 주택비용, 자녀 교육비 비중도 높다. 지출을 계획적으로 하지 않으면 자칫 보름도 안 돼 월급통장이 바닥이 날 수 있다.

합리적인 지출을 생활화하려면 적정 소비비율을 유지하는 게 좋다. 예컨대 4인가족 기준 식료품비, 육아·교육비, 교통비, 통신비, 공과금 등 총생활비 지출에 대한 적정 소비비율을 맞벌이가정은 총소득의 40% 이내, 외벌이가정은 총소득의 60%이내를 각각 유지하는 것이 적절하다. 외식비 등 여가생활비용은 총소득의 10% 정도도 제한해야 힌다.

또한 직장인들은 급여가 월급통장으로 들어오면 돈이 바로 쪼개져 나갈 수 있는 여러 통장을 두는 게 좋다. 매달 고정액이 나가는 저축통장, 매달 고정적으로 들어가는 공과금이나 보험료, 교통비 등 비용과 고정 생활비가 나가는 생활비통장, 경조사비나 쇼핑·문화생활 등을 위한 지출통장 등으로 나눠두는 게 바람직하다.

신용카드를 줄이고 체크카드나 현금 사용을 생활화하는 것도 과도한 지출을 줄이는 방법이다. 그렇다고 통장에 현금을 쌓아두거나 매일 지갑에 두둑하게 현금을 넣고 다니면 한도 없이 물 쓰듯 신용카드를 쓰는 것과 다를 게 없다.

월급에서 한 달 쓸 용돈을 얼마 정도 뚝 떼어놓고 그 범위 내에서만 지출을 제한하는 것만이 월급을 남길 수 있는 가장 쉽고도, 가장 어려운 방법이다.

직장인은 생활비를 어떻게 쓰고 있을까

INSIDE TIP

현대경제연구원이 전국 20세 이상 남녀 1,014명을 설문조사한 결과 연령대별 월 생활비 지출규모는 40대(293만 9,000원)가 가장 컸다. 이어 50대(287만 8,000원), 20대(205만 3,000원), 30대(198만 3,000원), 60세 이상(189만 8,000원) 등 순으로 많았다.

생활비 중 가장 큰 비중을 차지하는 항목으론 '전월세와 관리비 등 주거관련 지출'이 22.1%로 가장 높았고 '식료품비'(21.5%)와 '교육비'(21.4%)가 뒤를 이었다. 개인용돈을 쓰는 데는 남성은 '술이나 담배 등 기호식품'(26.1%)과 '교통비'(23.8%)라고 답했다. 여성은 '옷이나 구두 등 패션용품'(27.6%)과 '미용, 화장품 등 외모관리'(24.2%)에 개인 용돈을 주로 지출하는 것으로 조사됐다.

정년연장과 임금피크제,
통상임금의 향방은?

모 대기업의 40대 초반 서 팀장은 10년 전 결혼할 무렵 예비 신부의 손목에 이끌려 할 수 없이 점을 보러 간 적이 있었다. 당시 대기업에 갓 입사한 서 팀장은 관운도 있고 재물운도 나쁘지 않다며 사주가 좋다는 점쟁이의 말에 안도했다. 그러면서 점쟁이가 60대까지 일을 한다며 좋은 운이라고 하자 서 팀장은 "그게 뭐가 좋은 거냐"고 따져 물었다고 한다.

당시 점쟁이의 말은 60대끼지도 일을 하므로 큰 재물운은 없어도 돈 걱정은 안하고 살 팔자라는 뜻에서 좋은 사주라고 말했던 것으로 추측된다. 하지만 갓 대기업에 입사해 결혼을 앞두고 있는 서 팀장 입장에선 60대까지 직장을 다녀야 한다는 말이 달가울 리 없었던 것이다.

10여 년 전만 해도 외환위기 직후이긴 하지만 대체로 40대, 길어 봐야 50대면 기업에서 은퇴해 퇴직금으로 노후를 여유롭고 한적하게 보내는 게 보통 샐러리맨의 모습이었다. 그러나 시계를 돌려 현 시점에서 10여 년 전 사주풀이를 다시 펼쳐볼 때 서 팀장은 정말 행운아에 가까운 사람이다. '100세'까지 사는 이른바 '고령화 시대'에 접어들어 오래 일할 수 있는 게 현대의 직장인의 복 중의 최고의 복이 됐기 때문이다.

2016년부터 정년을 60세로 연장하는 내용의 '고용상 연령차별 금지 및 고령자 고용촉진법 개정안(정년 60세 연장법)이 2013년 국회 본회의를 통과했다. 이에 따라 2016년 1월 1일부터 공공기관과 지방공사, 지방공단, 300명 이상 사업장에선 정년 60세 연장법을 적용해야 한다. 2017년엔 지방자치단체와 300명 미만 사업장에까지 확대 적용될 전망이다. 가뜩이나 바늘구멍과 같은 취업문으로 실업의 아픔을 겪고 있는 청년들에게는 악재이지만 고령사회 속 나이든 직장인들에게는 반가운 일이 아닐 수 없다.

원래 60세 정년제는 독일 비스마르크가 국민 평균수명이 45세일 때 만들었다고 한다. 지금은 평균수명이 더 늘어났으니 정년도 훨씬 더 길어져야 할지도 모르지만, 정년 연장이 추진되자 기업들은 즉각 반발했다. 특히 동일 직무 근무자라도 근속연수에 따라 임금 상승폭이 커지는 호봉제에서 정년이 연장되면 기업의 인건비 부담이 너무 커진다는 논리다.

대한상공회의소는 고령자 고용연장을 위한 임금체계 개선방안

5장 부족한 2%를 채워주는 연봉의 완성법

보고서에서 근속연수가 늘어날수록 임금과 생산성 격차가 벌어지는 연공급 임금체계 개편 없이 정년 60세 의무화를 강행해선 안 된다고 주장했다. 보고서에 따르면 국내 전체 근로자의 평균연령은 1993년 34.3세에서 2011년 39.6세로 5.3세가 늘어났다. 취업자 연령대 핵심층은 1991년 30대에서 2011년 40대로 높아졌는데, 특히 제조업 핵심 근로층은 90년대 20대에서 현재 40대로 올라갔다.

제조업의 20년차 이상 근로자 임금은 2006년 기준 신입사원의 2.8배로 스웨덴(1.1배), 프랑스(1.3배), 영국(1.5배), 독일(1.9배)보다 높다. 55세 이상 근로자 임금은 34세 이하 근로자보다 302%에 이르지만 생산량과 부가가치는 각각 82%, 60%에 불과하다는 주장이다.

따라서 기업들은 정년 60세 의무화 추진시 임금과 생산성을 일치시키는 임금조정을 하지 않으면 고령근로자의 고용안정이 어려워질 것이라고 주장하고 임금피크제 도입 등을 제시했다. 임금피크제는 정년 고용을 보장하되 일정 연령이 되면 근로자 임금을 깎는 제도로, 일자리 나누기 대안으로 재계가 주장하고 있다. 금호석유화학과 우리은행 등 일부 대기업은 이미 도입해 시행하고 있으나 자동차업계 등 노동계는 반대하고 있다.

통상임금과 복잡한 임금체계, 바람 잘 날 없다

60세 정년과 맞물려 또 하나 노사관계의 쟁점으로 떠오른 것이 바로 통상임금 문제다. 통상임금은 1953년 근로기준법 제정 당시

206
....

도입됐다. 대법원 판례 등에서는 일률적·정기적으로 지급하는 임금, 사용자가 노동의 대가로 미리 정해놓은 연봉(임금)을 모두 통상임금으로 보고 있다.

이 문제는 우리나라의 복잡한 임금체계와 맞물려 있다. 우리나라 임금체계는 기본적으로 기본급은 적고 나머지를 수많은 수당으로 채우는 방식으로 돼 있다. 이는 정부가 경제정책을 운영하면서 기업들에 임금인상을 자제하도록 유도하는 것과 맞물려 있다. 이 때문에 기업들은 임금인상률 등 통계의 기본 단위인 기본급을 낮추는 대신 수당을 늘려 직원들의 실질임금 인상분을 충족시켜 줬다. 제조업이나 금융업에서는 수당의 종류가 최대 20개가 넘는 기업도 있다. 고용노동부가 100명 이상 사업장 1,000개 소를 대상으로 조사한 결과 임금에서 기본급 비중은 57.3% 수준이고 나머지는 각종 수당이 차지했다.

이처럼 기본급이 적고 수당이 많은 우리나라 임금 체계 하의 노사관계에서 쟁점이 된 부분이 바로 통상임금 범위이다. 사측은 통상임금의 범위를 줄이기를 원하는 반면 근로자는 늘어나기를 원한다. 이러한 상황에서 2013년 12월 18일 대법원이 "정기 상여금도 통상임금에 포함된다"는 판결을 내렸다. 정기적, 일률·고정적으로 지급했다면 통상임금으로 봐야한다는 것이 판결의 기본 취지이다. 정기 상여금이 통상임금에 포함되면 이를 기초로 산정되는 연장수당 등 근로수당도 늘어나기 때문에 근로자 입장에서는 실질임금 인상의 효과를 기대할 수 있다.

고용노동부가 2013년 6월 100명 이상 사업장 978곳을 조사해보니 정기 상여금이 통상임금에 포함된 사업장은 19.4%에 불과했다. 때문에 대다수 사업장은 노사협상을 통해 각종 수당의 적용범위 등을 정하고 단체협약을 고쳐야 한다. 정부도 임금 체계를 미래지향적이고 합리적인 방향으로 개편하는 움직임에 나섰다. 무엇보다 복잡한 우리나라 임금체계를 대폭 정리할 필요가 있다.

근로자들은 이번 통상임금 범위 확대로 인한 임금인상으로 노동환경이 한층 개선되기를 기대하고 있다. 연봉에서 고정 상여금이 많고, 통상임금 연동 수당 비중이 높으면 연봉이 더 많이 올라갈 수 있다. 연장수당 등 통상임금에 연동한 수당이 많은 자동차와 조선, 철강 등 산업 생산직 근로자의 연봉이 늘어날 것으로 보인다. 물론 반대로 임금총액에서 고정 상여금과 통상임금 수당이 적으면 임금 변화폭은 크지 않다. 또한 임금체계를 합리적, 단순화하는 방식으로 통상임금 문제를 해결하면 임금조정을 통해 정년 연장과 함께 청년 고용증가 등의 부수적인 효과를 거둘 수도 있을 것으로 전망된다.

그러나 정기 상여금 등을 줄이고 기본급을 늘리면 기업의 추가 비용 부담이 커지는 문제가 있다. 한국경영자총협회는 통상임금에 정기 상여금을 포함하면 기업들이 최초 1년간 추가 부담할 금액이 13조 7,509억 원으로 전체 임금의 3.2%에 이를 것으로 전망했다. 때문에 산업계에서는 비용부담을 줄이려고 정기 상여금 비중이 거의 없는 '성과연봉제'로 전환하는 기업들도 늘어날 것으로 전망된다. 근로자들도 통상임금 범위 확대로 실질적인 임금이 늘어날 수 있다는 점은 반기지만 성과급제가 활성화할 수 있다는 점에 부담을 느끼고 있다. 현재로서는 기업의 부담을 최소화하면서 임금체계를 단순화하고 근로자 근무환경을 개선하는 등 노사 모두가 합의할 수 있는 선에서의 임금체계 개편이 절실하다.

6장

후회하지 않는
연봉협상의 기술

연봉제 인사평가제도,
알고 나면 백전백승

대기업 등 주요 기업들의 인사평가 시즌은 보통 10~11월이
다. 연말과 연초 연봉인상과 승진 등 인사결정을 위해 한 해 직원들
의 업무수행 성과와 능력을 평가한다

국내 한 대기업에 다니는 김 팀장(부장급)은 팀원들 인사평가 시즌
만 되면 평소 본업을 할 때보다 몇 배 바쁠 뿐 아니라 신경도 예민해
진다고 한다. 자신의 평가 결과가 팀원들의 승진과 연봉 등 인사에
결정적인 영향을 미치기 때문이다. 김 팀장은 평소에도 하지 않는
야근을 평가시즌에는 어쩔 수 없이 한다며 머리가 아플 지경이라고
하소연했다.

연봉제 도입 기업에서는 부서장이 피해갈 수 없는 게 바로 팀원
평가다. 대다수 기업들의 기본적인 평가시스템을 살펴보자.

팀원들의 업무 평가는 팀장이 1차 평가를 하고 차상급자인 상무가 2차 평가를 한다. 최종적으로 최종상급자(본부장)의 손을 거쳐 인사팀으로 넘어간다.

사원과 대리에 대한 평가는 결정적으로 팀장의 손에 달려 있다. 팀장이 100% 평가하면 상무는 등급만 확정한다. 쉽게 말해 사원과 대리급 사원은 팀장에게만 잘 보이면 인사평가에서 좋은 결과를 얻을 수 있다는 얘기다.

과장이나 차장은 팀장과 상무의 평가 비중이 6대 4로 나뉜다. 그러나 팀장마다 체감하는 점수 수준이 다를 수 있는 오류를 합리적으로 조정하는 문제가 있다. 예를 들어 '잘한다'고 생각하는 점수대가 A팀장은 70점대, B팀장은 90점대라고 하면 B팀장 소속 '잘했다'는 평가를 받은 팀원들은 90점대를 받겠지만 짠돌이 A팀장 소속 팀원들은 아무리 잘한다는 평가를 받아도 70점대에 불과하다. 이런 불합리성을 해소하기 위해 일부 대기업은 각 팀장이 내놓은 직원들의 평가결과를 모아 하나의 시뮬레이션을 거쳐 공정한 점수를 산출하는 시스템을 도입했다.

인사평가, 위로 갈수록 임직으로 승부

인사평가는 계량적인 성과인 업적평가와 고객과 인재상 등 비계량항목인 역량평가로 나뉜다.

업적평가는 각 팀원이 1년 단위로 세운 계량적인 목표를 얼마나 달성했는지가 평가 대상이다. 목표치를 크게 웃도는 업무성과를 내야만 S등급을 받을 수 있다. 그저 목표한 것만 달성했다면 B등급 수준에 그친다. 역량평가에서는 폭넓게 지식과 기술, 태도 등을 평가한다. 세부적으로 고객 우선의 마인드 수준은 어느 정도인지, 회사 인재상에 어느 정도 부합하는지, 글로벌화나 창의성 수준 등 비계량적인 항목이 해당된다.

상위급으로 갈수록 업적평가 비중이 높아지고 하위급에선 역량평가가 더 중요한 비중을 차지한다. 예컨대 팀장급은 업적평가와 역량평가 비중이 각각 70%대 30%라면, 대리나 사원의 경우에는 역량평가 비중이 70%로 업적평가 30%보다 월등히 높다.

평가결과에 따른 등급별 인원은 S등급 5%, A등급 20%, B등급 60%, C등급 10%, D등급 5% 등으로 제한돼 있다. 최우수등급인 S등급과 가장 성과가 저조한 D등급 인원은 전체의 각각 5%를 넘지 않아야 하며 평균 수준인 B등급이 전체의 절반을 넘는 60%를 차지한다.

인사평가 시스템은 그야말로 직원들의 업무 효율을 끌어올리기 위한 장치 중 하나이다. 일 잘하는 직원은 격려해주면서 일할 동기를 부여해줘야 하지만, 반대의 직원들이 평가 결과로 상대적인 박탈감을 느껴 결과적으로 회사를 떠나도록 떠밀어서는 안 된다. 더구나 호봉제 시스템 문화가 정착돼 있는 우리나라에선 미국식의 유연한 연봉제는 자칫 인력 구조조정의 수단으로 악용될 소지가 있다.

때문에 대다수 연봉제 체제 속 인사평가제도는 다수 직원에게 평

균 점수를 줌으로써 성과가 저조한 직원들이 박탈감과 갈등, 위화
감 등 부정적인 감정을 덜 느끼게 해야 한다. 또 이런 직원들에게 이
듬해 분발해 좋은 성과를 낼 수 있는 동기를 심어줘야 한다.

직원들은 모르는
등급평가와 승진의 방정식

1년 동안 수행한 업무에 대한 평가점수와 등급은 승진에도 직접적인 영향을 미친다.

매년 받은 등급별 평가점수(포인트)가 쌓이면, 기준점을 넘어서는 시점에 승진 대상자에 오른다. 매년 점수를 잘 받는 직원은 동료보다 1~2년 앞서 발탁 승진의 길이 열려 있는 것이다. 예를 들어 대기업 C사의 평가 시스템을 보면 등급별 포인트가 S등급(100), A등급(75), B등급(50), C등급(30), D등급(10) 등으로 차등화된다.

사원에서 대리(3년. 총 150포인트), 대리에서 과장(4년. 총 200포인트)으로 각각 진급하기 위한 포인트는 어렵지 않게 딸 수 있다. 사원은 대리 승진을 앞두고 3년 동안 매년 B등급을 받고도 3년 후 대리로 승진할 수 있다. 그러나 과장 직급까지는 특진하려면 해외 MBA 수료 등 학력수준이 다른 동료들보다 월등히 높아야만 가능하다. 발탁승진 기회를 잡기는 어렵지만, 평균 등급만 받으면 남들과 같은 시기에 승진할 수 있다. 그러나 과장에서 차장으로 승진할 때부터는 본격적인 레이스에 들어간다. 과장에서 차장, 차장에서 부장대우로 각각 승진하려면 4년 동안 총 225포인트가 쌓여야 한다.

승진을 앞두고 있는 과장이 4년 동안 B등급(50포인트)만 받았다면 200포인트밖에 모이지 않아 승진에서 누락된다. 따라서 반드시 한 해는 A등급 이상을 받아야 제 때 승진할 수 있다. 부장대우에서 3년 걸려 부장으로 승진할 때도 마찬가지다. 승진 전 1년 정도는 A등급 이상을 받아야 그나마 동료들과 같은 시기에 승진이 가능하다. 그렇지 않으면 동료들보다 1~2년 늦게 승진하는 쓴 맛을 봐야 한다. 반대로 매년 S등급이나 A등급을 내리 받으면, 남들보다 1~2년 먼저 임원의 길로 올라설 수 있는 기회도 있다.

등급평가와 승진포인트를 별개로 운영하는 기업도 있다.

D기업은 1년 성과를 두고 등급을 매겨 연봉을 책정하고, 승진 평가는 따로 한다. 승진을 앞두고 있는 홍 대리의 경우 업무성과는 보통인데 승진 포인트가 모자란 상황이라고 하자. 평가자는 홍 대리에게 등급평가 점수는 B등급을 주고 승진 포인트는 A등급을 줘서 승진시킬 수 있다.

이처럼 연봉제 기업들이 직원평가를 하는 것은 상대평가가 가능한 집단에서 소수의 인재를 발굴해 격려해주고 개발이 필요한 인재를 조기에 발견해 지원하기 위한 목적 때문이다. 직원들은 자신이 다니는 회사의 인사평가 목적과 시스템만 잘 파악하고 있어도 업무 목표를 세우고 달성하는 데 따르는 어려움을 한층 줄일 수 있다.

하지만 이런 성과지향적인 문화가 정착되기 위해서는 기본 전제가 있다. 합리적이고 공정한 평가 시스템을 도입하고 객관적인 평가가 가능해야 한다. 평가 시스템이 엉성하고 불합리하다면 직원들의 일할 동기를 유발하기는커녕 불만 고조와 갈등 심화 등으로 조직 결속력이 떨어지는 부작용이 생길 수밖에 없다.

이런 이유로 대다수 대기업들은 직원들의 불만을 최소화하기 위해 평가결과에 불만이 있는 직원이 자신의 업무 성과를 해명할 수 있는 이의신청 절차를 마련해두고 있다. 그렇다고 해서 자신의 평가 결과를 원하는대로 뒤집기는 어렵지만, 적극적인 자신 알리기는 이듬해 평가 때 반영될 수 있음을 명심하자.

연봉 20% 올리는
실전 협상법

1년 장사 잘해놓고 협상에서 실패해 연봉을 조금도 올리지 못하는 직장인들이 적지 않다. 아무래도 자동으로 임금이 상승하는 호봉제 근간의 임금체계 특성상 주는 대로 받는 게 익숙하기 때문이기도 하지만, 무엇보다 을$_Z$의 위치에 있는 직장인들이 사측에 자신의 주장을 당당하게 요구하는 것 자체가 쉽지 않기 때문이다.

"괜히 윗사람이나 인사팀과 얼굴 붉혀가며 싸웠다가 미운털만 박히지 않을까?", "잘못해서 오히려 책상 뺀다고 하면 어떡하지?", "그깟 20만~30만 원 더 받겠다고 돈에만 집착하는 사람으로 낙인찍히느니 그냥 주는 대로 받자", "연봉 올렸다가 내년에 성과 못 내면 토해내야 할지 몰라" 등등 소심한 생각으로 1%도 못 올리기 십상이다. 특히나 "열심히 일했으니 회사가 알아서 올려주겠지"라며 회사가 자신이 1년 간 올린 업무성과를 알아주고 그에 걸맞은 처우를 해 줄 것으로 기대했다면 정말이지 큰 오산이다.

회사는 절대로 자신이 달성한 성과만큼 또는 그 이상의 보답을 알아서 챙겨주지 않는다. 회사는 최소한의 비용(연봉)을 들여 회사 원들이 최고의 성과를 내도록 하는 게 목표다. 게다가 인사팀 입장 에서는 아무리 성과를 많이 낸 직원에 대해서도 연봉 인상폭을 최 소화해 협상을 끝냈다면 일 잘 했다는 평가를 들을 것이다. 때문에 직장인은 스스로 능력과 성과를 포장해 사측에 적극적으로 이를 알리고 당당하게 요구해야 한다. '우는 아이 젖 준다'는 말처럼 탁월 한 성과를 올리고도 협상장에서 순종적인 태도를 보인 사람보다 평 범한 성과를 갖고도 적극적으로 협상한 동료가 더 많은 과실을 얻 게 돼 있다.

더구나 전 직원을 대상으로 매년 하는 연봉협상이기 때문에 자신 의 성과에 대해 당당하게 연봉인상을 요구한다고 해도 미운털이 박 힐 리도 없고, 이듬해 성과가 저조하더라도 이미 인상된 연봉을 되 깎는 일은 거의 없다.

말 그대로 협상negotiation 아닌가. 연봉협상도 양측이 서로를 설득 하고 논의해 둘 다 이해하는 적정 수준에서 타협(합의)에 이르는 것 이다. 연봉협상은 과정일 뿐이지 '인사'가 아님을 명심하자.

말 한 마디가 천 냥 연봉을 올린다

연봉 협상에 나서기 전에는 우선 인상목표를 정해야 한다. 목표 연봉은 동종업계 다른 기업들의 연봉수준, 직급에 따른 평균연봉과 최고·최저 연봉수준 등을 비교해 결정한다. 인상률은 10%나 20% 구체적인 수치로 정해놔야 한다. 더불어 희망연봉과 최종타협 마지노선을 정한다.

사전조사는 반드시 필요하다. 먼저 협상을 한 동료들을 통해 경영자나 임원, 인사팀장이 할 만한 질문이나 대응방안, 협상목표 등을 미리 파악해두는 게 유리하다. 수집한 사측의 논리와 협상방안을 나열해보고 자신의 답변과 대응방안을 생각해 정리해둔다. 이를 위해선 자신의 성과를 증명할 수 있는 객관적인 수치와 포트폴리오를 따로 만들어두는 게 필수다.

그런 다음에는 실제 협상에 나서기 전에 친구나 가족과 함께 연봉협상 리허설을 해보는 게 큰 도움이 된다. 중견기업에 다니는 박차장은 연봉협상 시즌에는 다른 기업에 다니는 친구와 만나 협상 연습을 해보곤 한다.

'말 한마디가 천 냥 빚을 갚는다'는 속담처럼 협상의 승패도 '말'에 있다. 얼마나 설득력 있게 자신을 포장하고 홍보하느냐에 따라 원하는 연봉인상이 가능한 것이다. 가능하다면 시뮬레이션을 해보는 것도 좋다.

경영자나 임원, 인사팀은 전체 직원을 상대로 매년 협상을 한다.

그야말로 협상의 달인들이다. 그들을 상대로 설득하는 일이니 무턱 대고 덤볐다간 본전도 못 건질 수 있다. 한 번 밀리면 사정없이 밀려 결국 회사가 원하는 대로 협상이 마무리되는 경우가 다반사다. 또한 최악의 상황에서 협상에 실패했을 때 대안도 마련해둔다.

협상장에 들어가선 자신의 성과와 능력, 장점 등을 최대한 부각시켜 홍보한다. 설득하는 과정에서는 신뢰와 진심이 느껴지도록 해야 한다. 자신의 성과를 더 멋지게 포장하는 것은 협상을 유리하게 이끄는 기술이지만 거짓말을 하면 안 된다. 자신이 하지도 않은 일을 했다고 말하거나 성과에 대한 수치를 터무니없게 부풀려봤자 오히려 마이너스다. 회사 측은 개별 직원의 성과를 일일이 파악하고 협상장에 나오기 때문이다. 경영자나 임원, 인사팀이 혹시 잘 몰랐던 사실이라고 해도 나중에 다 들통 나기 때문에 거짓말은 오히려 자신의 평판만 나쁘게 만들 뿐이다. 협상 내내 부정적인 화법이나 애매하고 불명확한 표현은 피해라.

구체적인 연봉 수준에 대해 터무니없이 높은 금액이나 자신의 가치보다 낮은 헐값을 제시하는 것 모두 마이너스다. 자신의 능력보다 훨씬 높은 연봉에 대해선 설득력이 떨어지고 낮은 연봉을 제시하면 자신감이 없어 보일 뿐만 아니라 만만해 보일 수 있다.

현명한 협상가는 '밀당'에 익숙하다

또 구체적인 수치를 놓고 협상할 때는 밀고 당기기를 잘해야 한다. 예컨대 목표 인상률을 20%로 정했다면 일단 인상률을 30%로 요구한 뒤 협상을 통해 최종적으로 20%에 사인하겠다는 전략을 짜놓는 것이다. 대신 구체적인 인상률은 회사측이 먼저 얘기하도록 해야 한다. 만약 회사가 25%의 인상률을 생각하고 협상에 나섰는데 직원은 20% 인상 목표를 세웠다면 먼저 얘기하는 게 손해다.

협상 마감시한이 있다면 임박할 때까지 버티는 담력과 추진력이 있어야 한다. 그래야만 한 푼이라도 건질 수 있다. 그러나 만약 한 번 협상에서 실패해 두 세 차례 협상을 진행했다면 어느 정도 수준에서 타협의 노력을 기울이는 게 좋다. 협상이 회사 전체에서 홀로 장기화해 두드러진다면 불필요한 말이 나올 수도 있고 이듬해 협상에선 더 힘들어질 수도 있다. 사측이 협상장에 나오면서 협상에 지지 않기 위해 더 단단히 무장을 하고 나올 수 있기 때문이다.

협상 상대방은 경영자나 임원, 인사팀장 등 누가될지 모른다. 한 해 협상에서 너무 오랜 기간 수차례 협상해 진을 뺐다가는 정말 찍힐 수도 있다. 때문에 협상에선 절대 감정을 드러내지 않고 예의 바른 말과 행동으로 대응해야 한다.

만약 협상을 강행해봤자 추가인상이 어려울 것으로 생각된다면 나름 소신을 제시하는 것도 방법이다. 원하는 부서니 승진 등 다른 보상을 찾아 사측이 긍정적인 반응을 보인다면 적당한 수준의 연봉인상과 추가보상에 타협하는 것도 좋다.

연봉인상 역시 직장 상사와의 대화와 토론을 통해 결정된다. 업무성과 만큼이나 대인관계가 중요하다는 얘기다. 평소에 경영자와 임원, 상사, 직장 동료들과 친분을 쌓고 진심 어린 모습을 각인시켜 두면 혹시 협상장에서 결례를 범했다 하더라도 문제가 되지 않는다. 직장생활 역시 '진심'이 가장 중요하다.

준비 없이 싸우면 백전백패

소규모 기업에서 관리직 업무를 맡고 있는 최 실장은 성실하고 책임감이 강하다. 자처해 야근도 자주 할 뿐만 아니라 주중에 업무가 마무리되지 않으면 반드시 주말에 나와 일을 하곤 한다. 하지만 그에게 단 하나 단점이 있다면 바로 업무 능력이 바닥이라는 것이다. 성실한 그는 직장인으로서 치명적인 단점을 갖고 있는 것이다.

반면 같은 회사에 다니는 이 팀장은 업무 수행능력도 평균 이하이지만, 게으른 데다 책임감도 없다. 그러나 그에게 단 하나 장점이 있다면 같은 직장 내 대체할 만한 사람이 없는 업무를 담당하고 있다는 것이다.

그렇다면 연말에 두 사람에 대한 평가와 연봉인상은 어떻게 될까. 최 실장과 이 팀장은 연봉 협상에서 온 힘을 다해 성실해 일했음을 피력하며 똑같이 15% 인상안을 요구했다.

그 해 연봉 협상 결과는 엇갈렸다. 사측은 최 실장에 대해 회사가 어려우니 연봉을 5%만 인상해주겠다고 했고, 이 팀장의 15% 인상안은 수용해주기로 했다.

사측의 판단은 이렇다. 최 실장은 일도 잘 못하고 대체할 인력도 많은 업무를 맡고 있기 때문에 회사에 남도록 강한 당근을 제안할 필요가 없다. 반면 이 팀장은 여러 가지 측면에서 평균 이하이지만 당장 대체할 인력이 없기 때문에 그가 회사에 남도록 요구를 100% 수용해주기로 한 것이다.

당장 한해 결과만 놓고 보면 성실하고 책임감 있는 최 실장보다 누구도 대체할 수 없는 한방(핵심 능력)을 갖고 있는 이 팀장이 성공한 것처럼 보이지만 길게 보면 그렇지 않다. 사측은 일의 능력은 부족하지만 직장인의 기본적인 자세인 성실성과 강한 책임감을 갖고 있는 최 실장을 계속 고용할 의사가 있다. 하지만 당장 내일이라도 대체할 인력을 찾게 되면 이 팀장을 내보낼 생각이다.

퇴로는 반드시 열어 놔라

연봉 협상에서 가장 중요한 것은 인상률이다. 1년 동안 뼈 빠지게 일하는 것도 모두가 보다 많은 보상(돈)을 받기 위해서 아닌가. 공정하게 합리적인 평가를 통해 능력만큼, 성과만큼 대우를 받는 것은 연봉제가 갖고 있는 매력이다.

따라서 협상에 나서는 직장인은 자신의 능력과 달성한 성과가 어느 정도인지를 스스로 제대로 파악하고 있어야 한다. 협상 결과를 보고 내가 한 해 올린 성과만큼 평가를 받았는지, 평가를 받지 못했는지도 스스로 가늠할 수 있어야 한다. 스스로에 대한 냉정한 평가가 이뤄지지 않으면 원하지 않는 상황에 맞닥뜨릴 수 있다.

대기업에 다니는 박 팀장은 회사의 어느 누구에게 물어봐도 이견이 없을 만큼 최고 수준(S등급)의 업무성과를 이뤘다. 마케팅팀을 맡고 있는 그는 한 해 성과가 작년의 배 이상 신장한 팀과 개인성과를 냈다. 몇 년 동안 죽을 쑤던 마케팅팀이 그가 발령받은 지 1년 만에 성장 추세로 돌아선 것이다. 그는 이번에야말로 최대한 평가를 받아야 한다고 다짐하고 협상장에서 한 해 성과를 이끌어내기 위해 자신이 수행한 작업과 노력을 꼼꼼하게 설명한 후 더 많은 성과를 내기 위한 동기가 필요하다며 파격적으로 30% 인상안을 제안했다.

그는 결국 평가에서 S등급을 받았을 뿐 아니라 규정상 인상률 상한선을 넘어선 25% 인상에 사인했다. 직전 팀장들과는 비교할 수 없을 정도의 탁월한 그의 성과 자체가 무기인 셈이었다.

반면 중견기업에 다니는 차 대리. 누가 봐도 평균 수준(B등급)의 업무 능력을 갖고 역시 평균 수준의 업무성과를 냈다. 차 대리는 그러나 협상에서 지난 한 해 열심히 일했고 많은 성과를 냈으니 연봉을 20% 인상해달라면서 이를 수용해주지 않으면 스카우트 제의를 해온 타 직장으로 이직하겠다고 했다.

그러나 사측은 생각이 달랐다. 최근 경기침체가 장기화해 내년 상황조차 알 수 없는 상황에서 20% 인상은 무리이며 다른 직원들처럼 5% 수준에서 합의해주길 제안했다. 더불어 차 대리에게 같이 일해주길 원하지만, 어쩔 수 없으니 대우를 많이 해주는 곳으로 가도 좋다는 뜻도 전했다. 내심 강하게 잡으면 적당한 선에서 합의할 생각이던 차 대리는 사측이 뜻밖에도 이직을 해도 좋다는 식으로 나오자 자존심에 상처를 입었다.

이미 협상장에서 뱉은 말이 있으니 그냥 붙어 있을 수도 없었던 차 대리는 결국 다른 직장으로 옮겼다. 자신의 능력과 성과를 제대로 파악하지 못한 채 협상장에 들어가 어느 정도 빠져나갈 퇴로를 열어놓지 않고 협상을 했다가는 차 대리처럼 낭패를 볼 수 있다.

다수의 외국계 기업과 일부 국내 중견기업이나 소규모 기업은 개별 협상을 통해 직원 개인의 연봉 인상폭을 정한다. 하지만 우리나라 다수의 대기업들은 인사팀에서 직원 개개인과 연봉협상을 하지는 않는다. 인사팀에서 직원에 대한 최종 평가 결과를 토대로 산정된 연봉수준을 각 근로자에게 통보하고 사인을 받는 식이다.

연봉제 직장인들이 연봉을 많이 올리고 승진에 성공하려면 협상을 잘 하거나, 평가 때 점수를 잘 받으면 된다. 가장 쉬워 보이면서도 가장 어려운 일이기도 하다.

대기업은 평가시스템 절차 상 본인 스스로 업적과 역량을 평가하는 단계가 있다. 연초에 연간 목표치를 잘 설정하고 연말 평가 때 스스로의 성과를 잘 포장해 제시하는 것이 연봉 인상을 위한 기본적인 기술이다. 왜냐하면 팀장이 모든 팀원들의 1년간 일거수일투족을 다 기억할 수도 없거니와 목표치와 목표달성 여부도 직원 당사자가 적어낸 결과에 의존할 수밖에 없기 때문이다.

1. 자신의 가치를 분석하라

인상을 원한다면 객관적인 근거를 제시하라. 1년간 회사에 이바지한 성과들을 꼼꼼히 따져 돈으로 환산해보는 것은 협상의 기본이다. 같은 업종과 직종의 다른 회사 연봉을 비교분석해 두는 것도 협상에서 유리하다.

2. 미리미리 준비하라

협상 전 1~2개월 전부터 1년간 업무를 되짚어보고 자료를 수집·평가한다. 협상테이블에서는 객관적인 데이터가 담긴 문서가 효과적이다. 인사 담당자나 경영자의 스타일을 미리 파악해 협상 연습을 해보는 것도 좋은 방법이다.

3. 전략을 세워라

포장이 최고의 전략이다. 강점은 부각하고 약점은 언급도 하지 말라.

1년간 회사의 발전에 기여한 부분과 반드시 조직에 필요한 사람이라는 점을 강조하라. 다른 직원과 차별화되는 점도 부각시켜라. 때로는 과장이나 거짓말도 효과를 발휘할 때 있고 솔직한 대응이 먹힐 때도 있다. 의도를 피하거나 돌려 말하는 것보다 적극적인 대화와 협상 자세가 통한다. 연봉협상의 제일 목표인 '돈'에 대해 당당하게 언급해라.

4. 당황하지 마라

협상장에서 "규정상 인상폭이 5%로 제한돼 있다", "회사 규정이 그렇다"라는 사측의 입장에 절대 주춤하거나 물러서지 말아라.

규정에 임금총액이나 인상률이 명시돼 있다 하더라도 그저 회사가 편의대로 정해놓은 '적정선'에 불과하다. 안 되는 일은 없다, 하지 않으려고 할 뿐임을 명심해라. "협상이 결렬되면 이직할 것이냐"는 공격에 대해서는 "스카우트 제의가 많은 것은 사실이지만, 현재 회사를 사랑하며 오래 다니고 싶다"고 퇴로를 열어둬라.

5. 상대방을 생각하라

협상에서의 대화는 바르고 정중하게 해야 한다.

쉽게 하는 말은 상대를 모욕하거나 진지하지 않다는 인상을 줄 수 있다. 협상은 인사담당자의 업무가 몰리는 월요일과 주말을 앞둔 금요일은 피해라. 그렇다고 협상 때 지나치게 고분고분한 저자세는 아예 협상장에 나서지 않는 것보다 못하다.

6. 동료에게 알리지 마라

연봉협상에서 만큼은 동료는 선의의 경쟁자다. 협상노하우와 협상결과를 노출해선 안 된다. 어떤 평가자가 이미 한 번 들은 전략에 새롭게 귀를 기울이겠는가. 계약서에 사인하고 나서 말해야 손해 보지 않는다.

7. 대안을 준비하라

이미 협상이 기울었다면 자신이 제시한 인상액에 못 미친다고 돈에만 매달리면 안 된다. 협상 전 실제 원하는 수준보다 높여 제시한 뒤 협상을 통해 깎이는 부분을 감수해라. 마지노선에 못 미쳐도 총액에만 집착하지 말고 연말 상여금 등 보상책을 높여 제시하거나 원하는 부서를 제시해라. 대안 없는 벼랑 끝 전술은 이직의 위험도 있다.

8. 회사의 현재 상황을 점검하라

연봉협상 때 나만 생각하다 보면 회사의 경영상황을 생각하지 못하는 경우가 많다. 성과만큼 요구하되 경영상황을 고려해 과욕을 삼가라.

9. 선택하고 집중하라

업무성과 중 가장 중요한 업무에 너 많은 성과가 나노록 집중해야 한나. 일상석인 업무에 대한 결과를 내세운다면 누가 높은 점수를 주겠는가. 남들과 다른 탁월한 성과가 있는지 점검해라.

10. 자신감을 가져라

연봉 결정 과정이 통보가 아닌 협상이 되려면 본인 스스로 자신감 있게 준비해야 한다. 특별한 업무와 기업이 원하는 성과를 낼 수 있도록 존재감을 드러내는 것도 방법이다. 이번에 실패했다고 하더라도 자신감을 잃지 말라. 내년 협상 때는 더 나은 무기를 내놓으면 된다.

연봉을 올릴래,
주식을 받을래?

애플의 창업자 고故 스티브 잡스는 최고경영자CEO 시절 연봉으로 단 1달러만 받겠다고 선언하고 대신 성과에 따른 스톡옵션(주식매수선택권)을 받겠다고 해 화제가 된 적이 있다.

세계 최대의 소셜네트워크서비스SNS인 페이스북이 상장되면서 28세 최고 경영자CEO 마크 저커버그는 스톡옵션만으로 거대 부호로 등극했다. 연봉도 높은 수준이지만 저커버그는 2012년 5월 페이스북이 기업공개IPO에 성공하자, 2005년 받은 스톡옵션 중에서 일부를 팔아 막대한 보상을 챙겼다.

국내에서도 연봉 외 금전적인 보수인 스톡옵션으로 대박을 터뜨린 사례는 적지 않다. 싸이와 빅뱅 등 유명 연예인이 소속된 YG엔터테인먼트는 2011년 말 주식시장에 상장했다. 이듬해 임직원들은 보유하던 스톡옵션을 행사해 1,500%의 대박 수익률을 올렸다.

스톡옵션은 업적 연동형 인센티브 보수다. 자금이 부족한 회사가 유능한 인재를 확보하기 위한 수단으로 활용한다. 회사가 개인의 능력과 기여도를 기준으로 임직원들에게 나눠주는 것이다. 회사 입장에선 상여금을 현금이 아닌 스톡옵션으로 지급해 현금유출이 없어 상여금과 동일한 효과를 거둘 수 있다. 스톡옵션을 부여 받은 임직원은 주가가 오르면 스스로 챙길 수 있는 보상도 늘어나기 때문에 열심히 일할 의욕이 생기고 경영참여 의식도 강해지는 효과를 기대할 수 있다.

또한 주식구입에 대한 권리만 부여되기 때문에 스톡옵션을 부여 받은 임직원은 주가가 떨어졌을 때 스톡옵션 행사를 하지 않으면 되므로 자본손실을 입지 않는다. 다만, 이때 성과 보수를 챙기지 못한다는 단점이 있다. 이처럼 주가 하락으로 재산상 이익을 거두기 어려울 것으로 예상하는 임직원은 연봉을 더 올릴 것인가, 아니면 스톡옵션을 받을 것인가라는 제안을 받을 때 연봉의 추가 인상을 선택하기도 한다.

비슷한 형태로 스톡그랜트도 있다. 스톡그랜트는 성과에 따라 회사의 주식을 나눠주는 인센티브 제도이다. 그러나 스톡옵션이 주식을 매수할 수 있는 권리를 주는 것이라면 스톡그랜트는 기업의 주식을 무상으로 주는 것이다. 스톡옵션은 일정 기간이 지나야 권리를 행사해 현금화할 수 있지만 스톡그랜트는 바로 주식을 현금화할 수 있다는 장점이 있다. 당장 성과에 따라 이득도 바로 얻을 수 있다.

우리사주제도(종업원지주제도)도 근로자복지제도의 일환으로 활용된다. 종업원들이 직접 조합을 결성해 근속연수를 기준으로 일정 주식을 매입할 수 있다. 예컨대 추석 상여금을 내서 조합을 만들고 주식을 매입하는 방식이다.

우리사주제도 역시 근로자의 재산형성을 지원해줌으로써 주인의식을 갖고 열심히 일할 수 있는 동기부여가 목적이다. 직원 입장에선 우리사주를 1년 이상 보유했다가 회사의 성장을 공유하고 주가가 오르면 임금 외에 자본이득을 얻을 수 있다.

회사도 현금 대신 자사주를 성과급으로 지급하는 만큼 기업 자금 운용상 선택의 폭이 넓어질 수 있다. 반대로 주가가 떨어지면 직원들의 재산형성에는 역효과가 날 수 있다는 단점이 있다. 이런 이유로 우리사주조합 결성 때 아예 참여하지 않는 직원도 있다.

이외에도 비슷한 형태의 근로자 복지제도로 우리사주신탁제도 ESOP가 있다. 이것은 기업과 종업원이 공통으로 출연해 펀드를 조성하고 자사주를 취득한 후 이를 종업원에게 배분하는 제도이다. 기업연금제도는 종업원과 기업이 출연한 자금으로 자사주를 포함한 주식과 채권 등에 투자해 퇴직할 때 성과를 지급하는 제도를 말한다. 그러나 최근 경기와 증시 불황 등으로 기업들의 성과보상 관리제도가 다소 위축됐다.

통계청이 1만 2,010개사를 대상으로 조사한 '2012 기업활동' 결과 스톡옵션 제도가 있는 기업은 8.1%, 우리사주 제도를 도입한 기업은 12.6%로 전년보다 줄어든 것으로 나타났다.

스카우트, 몸값 올리는
0순위 방법

중건기업에 다니는 조 차장은 5년 전 지금의 회사로 이직했다. 당시 조 차장은 동종업계에서 스카우트 제의를 받고 연봉협상에 나섰다.

조 차장은 연봉 50% 인상을 제안했지만 인사팀에서 선뜻 오케이 사인을 주지 않고 미적거리기까지 해 스카우트가 없던 일이 되는 게 아닌가 하는 상황이 됐다. 인사팀의 대답을 마냥 기다리면서 내심 속이 타들어 가고 있었지만, 겉으로는 전혀 내색하지 않은 채 원하는 조건을 수용해주지 않으면 이직하지 않겠다고 버텼다. 결국 지금의 회사에서 연봉 50% 인상 조건을 수용해 조 차장은 원하는 연봉을 받으며 이직에 성공했다. 조 차장의 이직은 처음이 아니다. 대학 졸업 후 네 번째 직장이다.

조 차장이야 상대적으로 기간을 두고 이직한 사례로 꼽히지만, 최근에는 쌓은 경력을 무기로 고액 연봉을 받거나 승진하려고 자주 이직하는 직장인들이 적지 않다. 1~3년 단위로 직장을 자주 옮기는 사람을 일컬어 '잡호핑족job hopping'이라는 신조어까지 생길 정도다.

경력과 성과보상 중심의 이직이 직장인의 트렌드로 자리 잡은 것은 외환위기 이후 일부 대기업이 쓰러지면서 평생직장과 철밥통 시대가 가고 성과주의체계인 연봉제가 확산하면서부터다. 노동시장 자체가 유연해진 것이다.

한 설문조사 결과를 보면 직장인 4명 중 3명은 비밀리에 이직을 준비하고 있다고 한다. 실적으로 연봉 수준이 달라지는 증권사와 자산운용사의 애널리스트나 펀드매니저, 보험회사 등 금융권과 핵심 기술력이 필요한 정보기술IT 업계에서 이직문화가 활발하다.

스카우트 등 이직을 통해 연봉인상과 승진 등의 보상을 받는다는 것은 직장인으로선 좋은 일이다. 이직으로 새 조직과 업무에 도전할 수 있는 기회를 얻을 수 있을 뿐 아니라 그 동안 일하면서 쌓은 경력과 실력을 경영자CEO에게 인정받는 것 자체만으로 내적 강화를 빋을 수 있기 때문이다.

모 대기업에 다니는 강 부장은 대학 졸업 후 중소기업, 중견기업, 대기업 등 회사규모와 업무를 가리지 않고 이곳저곳 옮겨 다녔다. 지인들은 한 곳에 오래 머물지 못하는 그가 인내심이 부족해 직장생활을 오래하기 어려울 것이라고 걱정했으나, 현재의 그는 모든 경험을 높게 인정받고 상당한 대접을 받으며 일하고 있다.

습관적 이직은 마약, 자주하면 독이 된다

그러나 강 부장처럼 잦은 이직이 직장인에게 반드시 좋은 결과만
주는 것은 아니다. 강 부장은 오랜 시간이 지난 지금에서야 잘 풀린
운 좋은 케이스일 뿐이다. 고액연봉을 목표로 자주 직장을 옮기는
것은 오히려 해가 될 수 있다.

중소기업에 다니는 최 과장은 1년 전 이직했다. 그러나 지금의 직
장으로 옮기기 전 2개월을 쉬는 등 마음고생이 이만저만이 아니었
다. 전 직장에 다니고 있을 때 최 과장에게 연이어 3곳에서 스카우
트 제의가 들어왔다. 10년 가까이 쌓은 마케팅 경력과 다양한 인맥
등 그의 무기를 탐낸 동종업계 3개 기업에서 러브콜이 온 것이다.

그는 계산서를 펼쳐놓고 셈을 하기 시작했다. 하지만 너무 들뜬
나머지 다른 조건은 보지 않고, 가장 연봉을 높게 부른 새로 설립될
예정인 벤처회사로 가기로 결정했다. 그런데 벤처회사가 추진하던
수주 계약 건이 틀어지면서 회사설립 자체가 보류되고 말았다. 최
과장과 같이 이직하려고 사표를 낸 10여 명의 인력이 졸지에 실업자
가 됐다.

또 다른 케이스를 보자. 최근 대기업 입사 5년차 김 대리는 이직
을 본격적으로 생각하고 다른 대기업을 물색하다가 결국 포기했다.
원하는 자리가 쉽게 생기지도 않았고 혹시 마음에 드는 회사로 성

공적으로 이직한다고 해도 부닥쳐야 할 상황 또한 겁이 났기 때문이다. 엄청난 경쟁률을 뚫고 당당히 대졸 공개채용에서 합격한 홈 그라운드의 이점과 그동안 닦아놓은 기반을 포기해야 하는데다 이직 후 적응 스트레스와 텃세도 가늠하기도 어려웠다. 김 대리는 도저히 견디기 어려울 상황이 아니라면 좀 더 회사에 머물면서 경영학석사MBA 등 스펙 쌓기에 매진하기로 마음을 고쳐먹었다.

이직한 회사에서 적응하려면 낯선 환경과 새로운 동료를 접해야 하는 엄청난 스트레스를 감수하고 상당한 노력도 쏟아야 한다. 보이지 않는 텃세를 뚫고 한 식구로 안착하기까지는 적지 않은 고통과 시간이 소요된다. 이를 견디지 못해 다시 이직을 결심하는 사람도 적지 않다. 이직에 익숙한 직장인은 조금만 어려움이 느껴져도 인내하기보다 "나와 이 회사는 맞지 않는다"고 판단하고 쉽게 이직을 결정한다. 하지만 너무 이직이 잦다 보면 참을성이 없는 사람으로 인식되어 면접에서 탈락할 수 있다. 고액을 주고 채용했다가 얼마 안 돼 나갈 수 있다는 우려 때문이다.

이처럼 여러 리스크가 있는 이직을 결정할 때는 기본적으로 연봉 인상 또는 승진 등의 보상이 전제돼야 한다. 또 새로운 회사의 조직 문화, 임금 및 인사제세, 조직의 힙 리싱과 효율싱도 따져봐야 한디. 아무리 돈을 많이 준다고 해도 나와 궁합이 맞지 않는 회사라면 오래 다니기 어렵다.

또 이직에서 가장 중요한 것은 스펙보다 전문성과 실력이다. 예컨대 중소기업에 다니는 사람이 한 분야에서 탄탄한 실력을 쌓았다면 동종업계 대기업으로 옮길 가능성이 크다. 하지만 학위나 자격증 등으로는 이런 상향 이동은 쉽지 않다.

실패하지 않는 이직의 기술

INSIDE TIP

1. 스펙보다는 실력이다. 경력을 쌓고 전문성을 높여라

전문성(스페셜리스트)을 갖추는 게 유리하다.

2. 아무 데나 기웃거리지 마라

이직할 대상 기업과 해야 할 업무, 위치, 회사 문화 등을 철저하게 조사해본 뒤 두드려야 한다. 이곳저곳 마구 찔러봤다간 소문만 나고 평판은 바닥으로 떨어진다.

3. 고액연봉만 고집하지 마라

고액연봉에만 연연하다가 중요한 요인을 못 볼 수 있다. 더 나은 직장을 놓칠 수도 있다.

4. 거짓말은 금물, 진심과 진정성으로 대하라.

직장을 옮기더라도 언제 다시 만날지 모른다. 거짓말은 금물이다. 진정성을 갖고 대하면 언젠가 나에게 돌아오게 돼 있다.

5. 잦은 이직, 습관적인 이직은 삼가라.

이직 후 첫 직장인 것처럼, 마지막 직장인 것처럼 매진한다. 마음에 안 들면 '또 옮기지 뭐'라는 생각으로는 회사의 진가를 알기도 전에 떠도는 철새족 꼬리표가 달리기 쉽다.

부록

내 연봉으로
부자되기 프로젝트

대한민국 직장인을 위한
라이프사이클 재무설계

• 홍정규(연합뉴스 경제부 기자) 지음 •

CONTENTS

연봉으로 부자되기는 가능할까?

　월급만으로, 연봉만으로 '부자' 소리를 듣는 것은 정말 불가능한 일일까?

　일반 사원에서 최고경영자CEO가 되었다는 성공 스토리는 흔해졌지만 재테크로 큰돈을 만졌다는 대박 신화는 좀처럼 듣기 힘들다. 글로벌 경기침체와 살인적인 저금리 탓이다. 한때 대표적인 재산증식 수단이었던 부동산과 주식은 월급쟁이의 희망에서 절망으로 바뀌었다. 그렇다고 통장에 남아 있는 쥐꼬리만한 월급을 은행적금에만 넣어두자니 눈물이 앞을 가린다. 과거 연 5~6%의 이자에 복리효과까지 쏠쏠한 재미를 주던 은행이자는 마이너스에 가깝다.

　그러나 이러한 때일수록 철저한 재무설계와 액션플랜이 필요하다. 워렌 버핏은 글로벌 금융위기 이후 오히려 공격적 투자로 수익을 창출했고, 도요타 자동차의 조 후지오 회장은 "호황이면 좋고, 불황이면 더욱 좋다"라는 명언을 남긴 바 있다. 위기 뒤에는 반드시 기회가 다가오는 법이다.

　대부분의 재무설계 전문가들은 직장생활을 시작하면서부터 지출 계획과 재테크 전략을 알차게 세우고 행동에 옮기라고 조언한다. 연령대에 따라 버는 돈, 쓰는 돈이 달라지는 만큼 생애주기life cycle를 고려한 재무설계도 필수다.

　자산관리·재무설계의 베테랑 전문가들이 말하는 연령대별 재테크 전략과 금융상품 투자기법을 살펴보자.

5년 만에 2억 원을 모은 최 대리 이야기

'엄친아' 정준섭(가명·28) 씨는 시중은행에 근무한다.

그는 경쟁률이 100대 1이 넘는 은행에 졸업하기도 전에 당당히 합격했다. 입사 2년차 때 4,000만 원짜리 독일제 승용차를 60개월 할부로 뽑고 수트, 벨트, 구두, 백팩, 시계도 새로 맞췄다. 골프연습장을 끊고, 골프채와 캐디백도 세트로 구입했다. 차 할부금 70만 원을 포함해 월 지출은 최소 200만 원에 달한다. 하지만 그는 크게 걱정하지 않는다. 연봉은 4,000만 원을 넘고 매월 300만 원이 꼬박꼬박 통장에 들어오니 지출을 제하고도 50만 원이나 저축할 수 있기 때문이다.

반면 준섭 씨의 입행 동기 최순호(30·가명) 씨는 '독종 최'로 불린다. 순호 씨는 졸업 후 1년간 월 100만 원을 받으면서 대기업 인턴을 했지만 정규직 입사에 실패했다. 자취 생활을 하면서 1년간 구직활동을 하느라 그나마 모아둔 인턴 월급도 다 까먹었다. 쓴 맛을 보고 어렵사리 은행에 들어온 순호 씨는 독한 마음을 먹었다.

승용차는 언감생심, 웬만해선 택시도 타지 않는다. 면접용으로 할인짐에서 사둔 여름용과 봄가을용 정장 2벌에 다시 2벌을 더 보탠 게 입사 후 가장 큰 소비성 지출이다. 월급 300만 원 중 교통비·식비·통신비와 월세(50만 원)를 빼고 200만 원씩 모았다. 은행적금 60만 원, 적립식펀드 50만 원, 연금보험 40만 원, 주택청약종합저축 20만 원, 실손의료보험 10만 원. 나머지 20만 원만 비상금이다.

두 사람은 5년이 지나 나란히 대리로 승진했다. 연봉은 입행 때보다 1,000만 원가량 올랐다. 매달 월급통장에 400만 원씩 꼬박꼬박 입금된다. 들어오는 돈은 같지만 나가는 돈은 그야말로 천양지차이다.

'엄친아' 정 대리의 급여통장에서는 월급날 되기가 무섭게 썰물처럼 돈이 빠져나간다. 지금껏 모은 돈은 2,000만 원 남짓. 남은 건 이제 갓 할부가 끝난 승용차가 전부이다.

'독종' 최 대리는 달랐다. 2년짜리 적금이 3번 돌았고, 만기가 된 적금은 정기예금으로 전환했다. 주가에 아랑곳하지 않고 꾸준히 펀드를 굴려 '눈사람'을 만들었다. 연봉 상승분도 죄다 적금과 펀드에 넣었다. 그 결과 1억 4,000만 원을 모았고, 월세 원룸에서 전세 아파트로 옮겼다.

재테크의 시작 : 'Plan-Do-See' 원칙

최 대리는 철저하게 'Plan-Do-See' 원칙을 따랐다.

저축에도 전략이 필요하다. 무턱대고 돈을 모아뒀다가 아무 금융 상품이나 여기저기 가입하고 보자는 것이 'Do-Do-Do' 방식이라면, 목표를 세우고 장·단기 상품, 고위험·고수익과 저위험·원금보장 상품을 배분해 실천에 옮기는 게 'Plan-Do-See' 방식이다.

그의 목표는 명확했다. 5년 안에 지긋지긋한 월세를 벗어나는 것,

그리고 30대 중반 결혼에 맞춰 내 집 마련의 기반을 다지는 것이다.

:: 신입사원이라면 급여통장부터 고를 것

재테크의 시작은 월급이 들어올 때부터다. 급여이체통장은 큰 차이가 없을 거라고 생각하기 쉽지만, 꼼꼼히 따져보면 자신에게 꼭 맞는 급여이체통장을 고를 수 있다.

은행들은 일반적인 수시입출식 통장에는 0.1%의 '있으나 마나'한

은행별 급여이체통장 비교		
은행	**상품명**	**주요내용**
우리은행	우리직장인재테크통장	- 월 50만 원 이상 급여이체시 100만~500만 원 잔액에 1.0% 금리 - 월 30회까지 전자금융·ATM 수수료 면제
기업은행	IBK급여통장	- 잔액 2천만 원까지 우대금리 제공(50만 원 이하 1.95%, 50만~500만 원 1.05%, 500만~2,000만 원 1.25%) - 전자금융·ATM 수수료 무제한 면제
신한은행	신한직장인통장	- 신한은행 가입 상품에 추가금리 제공(직장인적금 0.5%p, 월복리정기예금 0.1%p, 월복리적금 0.3%p, 비과세장기저축 0.2%p)
외환은행	넘버엔통장	- 외환은행 가입 적금에 0.1~0.2%p 추가금리 제공 - 급여이체시 ATM 수수료 무제한 면제
농협은행	채움샐러리맨우대통장	- 급여이체시 잔액 1천만 원까지 우대금리(50만~100만 원 0.5%, 100만~300만 원 1.0%, 300만~500만 원 1.5%, 500만 원 이상 2.0%)
하나은행	하나빅팟슈퍼월급통장	- 잔액 50만~200만 원에 2.5% 금리 - 전자금융 수수료 10회~무제한 면제 - 신용대출·주택담보대출 금리 0.1%p 감면
국민은행	직장인우대종합통장	- 주택청약 예금·부금 가입에 0.2%p 추가금리 제공 - 인터넷 상품(우대적금, 상호부금, 정기예금) 가입에 0.3%p 추가금리 제공

(자료 : 2013년. 각 금융사 제공)

금리를 준다. 무심코 기존에 갖고 있던 통장에 월급을 이체하면 위에서 예시된 여러 혜택은 허공으로 날아간다.

급여이체통장을 잘만 고르면 쏠쏠한 금리와 각종 혜택도 받는다. 통장 잔액에 따라 금리가 달리 적용되고, 혜택도 수수료 면제나 다른 예금 또는 대출에 우대금리를 적용하는 등 다양하다.

기업은행의 'IBK급여통장'은 비교적 적은 금액에 높은 금리가 적용된다. 잔액 50만 원 이하에 2% 가까운 비교적 높은 금리가 붙어 그냥 '노는 돈'으로 치부할 수 있는 급여이체통장도 알차게 이자를 불리는 수단이 될 수 있는 것. 한 번에 500~1,000원씩 붙는 인터넷뱅킹이나 자동화기기ATM 이용 수수료도 덤으로 아낄 수 있다.

∷ 적금 고를 땐 '금리 예측'이 핵심

저축이 어려운 이유로 '저축할 돈이 없다. 쓸 돈이 부족하다'는 얘기를 많이 한다. 그러나 전문가들은 수입에서 지출을 빼고 남는 돈을 저축하는 것이 아니라, 수입에서 저축액을 빼고 나머지를 지출해야 한다고 조언한다.

최 대리는 급여통장에 들어오는 돈(300만 원)의 약 70%인 200만 원을 종잣돈 마련에 투자하기로 결심했다. 돈의 발을 묶어놔야 도망가지 못하기 때문이다.

문제는 200만 원을 어떻게 투자할지이다. 가장 보편적인 전략이 다양한 돈 굴리는 방법을 활용한 '달걀 나눠담기'다. 만기와 위험성(수익성)에 따라 자금을 적절히 배분하는 것이다.

은행별 정기적금 비교			
은행	상품	상품주요내용	우대혜택
외환은행	윙고빙고적금	- 30세 이하 가입. 월 100만 원 내 적립. 1년만기 - 기본금리 2.8%	- 윙고통장 · 카드 보유 0.1% - 가입기간 중 취업성공 0.1% - 지인과 함께 가입 0.1% - 3가지 조건 모두 충족 0.1%
하나은행	행복건강 S라인 적금	- 정액적립 또는 월 1,000만 원 내 자유적립. 1~3년 만기 - 기본금리(1년제 2.5%, 3년제 3.0%)	- 건강 · 다이어트 서약서 작성 0.2% - 건강생활 실천(운동 수강증 등 제시) 0.2% - 나눔 실천(장기기증등록, 헌혈 등) 0.2%
국민은행	스마트폰적금	- 월 100만 원내 적립. 6~36 개월 만기 - 기본금리(1년제 2.8%)	- SNS 추천 우대이율 0.3%p - '절약 아이콘적립 우대이율 0.2%p - 굿다운로더 우대이율 0.1%p
농협은행	더나은미래 적금	기본금리(1년제 2.8%)	- 최초 납입금 50만 원 이상시 0.1%p 추가금리 - 납입누계 1,000만 원 이상시 0.1%p 추가금리 - 거래실적 비례 0.9%p 추가금리
우리은행	토마스 정기적금	- 월 100만 원내 적립. 1년만기 로 회전(최장 5년) - 기본금리(1년제 3.0%)	- 부모 자녀 동시 가입 - 자동이체 등록, 인터넷 · 스마트폰 뱅킹으로 가입 등에 0.2%p 추가 금리

(자료 : 2013년. 각 금융사 제공)

최 대리는 200만 원 중 60만 원을 만기가 비교적 짧고 원금이 보장되는 은행 정기적금에 넣기로 했다. 가장 불확실성이 적고, 무엇보다 '결혼 전 전세금 마련'이라는 단기 목표에 맞춰 돈을 불리기 가장 적당한 수단이라고 봤기 때문이다.

최 대리는 연 3.0%의 기본금리에 걷기대회 참가 등 비교적 쉬운 방법으로 우대금리 0.6%까지 챙길 수 있는 적금에 가입했다. 연

3.6%의 금리를 적용하면 3년간 원금 2,160만 원과 이자 78만 원을 합쳐 2,238만 원을 모을 수 있다.

적금을 고를 때는 앞으로 금리가 어떻게 변할지 예측하는 게 매우 중요하다. 장기적으로 금리가 오를 것 같으면 금리가 조금 낮더라도 만기가 짧은 상품을, 반대라면 오랫동안 묶이는 대신 금리가 조금 높은 상품을 선택하는 게 현명하다. 최 대리는 최근 저금리 기조가 당분간 지속할 것으로 보고 3년 만기로 가입했다. 일단 가입하면 되도록 깨지 않는 게 유리한 것은 두말 할 나위가 없다.

:: 주가에 일희일비 말자, 펀드 고르기 요령

최 대리는 '장기적으로 주가는 오른다'는 생각을 믿고 적립식 펀드에 매달 50만 원씩 넣는다.

전문가들은 펀드 투자에서 최근 수익률이나 펀드 규모만 보고 무턱대고 투자하는 건 위험하다고 경고한다. 펀드가 지나치게 고위험 자산에 편중되지는 않는지, 장기적으로 안정적인 수익률을 냈는지, 설정액이 감소하지는 않는지(투자자들이 돈을 빼고 있는지) 등을 살펴보고 투자를 결정해야 한다.

무엇보다 단기간에 '대박'을 내려는 게 아니라 일정한 수익을 내려는 펀드 투자라면 주가의 등락에 일희일비하지 않는 게 가장 중요하다. '나무'(최근의 주가 등락)만 보면 투자를 해야 할지, 말아야 할지, 투자금을 빼거나 줄여야 하는 건 아닌지, 헷갈리기 쉽다. 넓은 시야에서 '숲'을 보는 장기 투자가 정석이다.

막 펀드 투자를 시작하려고 한다면 투자 트렌드를 재빨리 좇는 것도 한 방법이다. 최근의 트렌드는 '롱숏 펀드'다. 롱long(매수 포지션)과 숏short(매도 포지션) 전략을 모두 쓴다. 주가가 오를 것으로 예상되는 주식을 매수하고, 내릴 것으로 보이는 종목의 주식 및 지수선물을 미리 파는 운용전략을 취한다. 채권을 30~70% 편입한 혼합형이어서 주가 변동성이 심한 박스권 장세에서도 안정적인 수익률을 낼 수 있다. 코스피의 향방이 불분명하거나 지수 수준이 부담스러울 때 투자 대안이 될 수 있다.

어떤 펀드를 골라야 할지 잘 모르겠다면 2014년 3월 출범하는 펀드 슈퍼마켓인 '펀드온라인 코리아'에 관심을 가져볼 필요가 있다. 펀드 슈퍼마켓은 시중에서 판매되는 대부분 펀드상품을 한 곳에서 비교하고 훨씬 싸게 가입할 수 있는 곳이다. 판매 보수는 온라인 펀드 판매 보수의 절반 이하가 될 전망이다.

:: 내 집 마련에 요긴한 주택청약종합저축

요즘 부동산 경기가 말이 아니지만, 투자 목적이 아니라 거주 목적이라면 20~30대에 주택청약종합저축에 가입해 생애 첫 내 집 마련을 준비하는 게 좋다. 전세가 겹쳐 지취를 감추고 월세로 전환되는 사회적 트렌드를 봐도 거주용 주택 마련은 월세를 아끼고 든든한 노후 대비가 될 수 있다.

최근 은행의 적금상품 기본금리가 3% 이하인 점을 고려해 최 대리는 주택청약종합저축에 매달 20만 원씩 넣기로 했다. 주택청약종합저축은 납입기간 기준으로 2년 이상이면 금리가 연 3.3%로 일반 적금보다 높다. 또 최고 2,700만 원까지 예치할 수 있어 2년 이상 예치가 가능한 자금이라면 연 2.7% 내외의 정기예금보다 0.6% 정도의 이자를 더 받을 수 있다. 금리면에서도 빠지지 않는 셈이다. 아파트 분양에 당첨되면 계약금 등으로 활용할 수 있어 쓰임새가 매우 다양하다.

저금리가 지속할 가능성이 큰 만큼 주택청약종합저축의 금리 매력은 상대적으로 높아 보인다. 높은 금리의 상품인 만큼 부부, 자녀가 함께 가입하면 주택마련이나 교육자금 등 종잣돈 마련을 위한 재테크 상품으로도 활용할 수 있다.

자산의 재구성 : 4050 세대의 부동산과 금융 방정식

차장·부장급으로 승진하는 40~50대는 처음 입사했을 때의 연봉이 배 가까이로 늘어난다. 맞벌이를 하는 신현일(가명·42) 차장은 월 소득은 500만 원, 30대 후반 배우자의 소득과 합치면 월 800만 ~900만 원, 연간 1억 원 안팎의 소득이 들어온다. 그동안 모은 돈과 빚을 보태 집도 한 채 마련했다.

하지만 그만큼 나가는 돈도 만만치 않다. 가장 큰 부담이 자녀 양육비다. 집을 살 때 낸 주택담보대출의 원리금 상환도 적지 않은 부담이다. 또 은퇴 후도 본격적으로 걱정해야 한다. 머지많아 곧 소득은 끊기고 지출만 있는 '소득 절벽'이 가까워지기 때문이다.

:: 중년의 망가진 대차대조표와 손익계산서

40대를 넘으면 자녀양육·교육, 내 집 마련 등 다양한 재무적 이벤트가 발생한다. 소득 증가와 함께 본격적인 재산 형성과 노후 준비가 필요한 시기이기도 하다.

집을 사놓고 가만히 있으면 재산이 불어나던 시절이 있었다. 당시 최고의 재테크는 무리를 해서라도 아파트를 사는 것이었다. 그러나 요즘처럼 부동산 자산가치가 하락하고 저성장 기조가 유지되는 상황에선 부동산에 치우친 자산관리보다는 부동산과 금융자산의 균형을 유지하는 포트폴리오 전략이 필요하다.

통계청 발표를 보면 2012년 우리나라 가계 자산에서 부동산이 차지하는 비중은 69.9%다. 2009년(75.9%)보다 6%포인트 낮아졌다. 사람들이 그 동안 집을 팔았거나, 보유 중인 부동산 가치가 떨어졌기 때문이다.

직장이 있는 강남에서 가깝다는 이유로 경기도 분당에 대형 아파트를 산 신 차장의 대차대조표를 보자. 부동산 '몰빵투자'로 망가진

신 차장의 대차대조표 변동				
2007년 11월			2013년 11월	
자산 6억 원	부채 3억 원		자산 4억 8,000만 원	부채 3억 원
	자본 3억 원			자본 1억 8,000만 원

대표적 사례다.

신 차장은 전세보증금과 금융자산을 다 털어 마련한 자기자금 3억 원과 주택담보대출 3억 원으로 당시 시세 6억 원의 경기도 분당 아파트를 마련했다. 아파트의 가치는 6년 만에 약 20% 곤두박질쳤다. 매입 당시 '상투'를 잡고 들어간 것이다. 거치 기간이 끝난 신 차장의 부채는 3억 원 그대로다. 미실현손실(집값 하락분) 1억 2,000만 원을 반영해 신 차장의 자본은 1억 2,000만 원 잠식된 셈이다.

망가진 대차대조표는 손익계산서에도 고스란히 영향을 미친다. 자녀 교육비와 은행 빚을 갚느라 저축은 꿈도 꾸지 못한 신 차장의 2013년 손익계산서를 따져보자.

신 차장의 재무제표는 기업으로 따지면 '워크아웃' 직전의 상태다. 집값이 더 하락하거나, 의료비 등 예상 밖의 큰 비용이 발생하거나, 퇴직 등 매출액이 급감하는 돌발 변수가 생기지 않을까 늘 노심초사해야 하는 형편이다. 이유는 단 하나, 자산 포트폴리오의 실

신 차장의 2013년 손익계산서	
매출액(부부합산 연소득)	+1억 1,000만 원
금융수익	0원
금융비용(원리금 균등상환)	-3,200만 원
제세공과금비용(세금, 관리비, 공과금)	-2,600만 원
연구개발비용(두 자녀 교육비)	-2,400만 원
판매관리비용(생활비)	-1,800만 원
기타비용(양가 부모님 용돈)	-800만 원
당기순이익	200만 원

패다. 40~50대가 되면 자산의 구조조정이 필요한 게 바로 이 때문이다.

신 차장에겐 우선순위를 고려해 포트폴리오를 구체적으로 세우고 그에 따른 금융상품을 활용한 전략이 부족했다. 우선순위는 '주택자금(대출상환)—자녀 학자금—노후준비자금'의 순으로 정하는 게 바람직하다. 자녀의 봉양에 기대어 사는 시절은 지났다. 아들 딸 잘 키워서 노년에 용돈 받아쓰겠다는 마음은 아예 접어두는 게 상책이라는 뜻이다. 그만큼 과도한 교육비 지출로 노후 준비가 부족하지 않도록 자산관리 전략을 구성해야 한다.

::부동산 집착 포기는 '공격 리바운드' 효과

신 차장 같은 실패를 경험하지 않으려면 일찌감치 '부동산 불패 신화'에 대한 집착을 버려야 한다.

부동산에 100% 쏠린 자산 구성을 부동산 60%, 금융상품 40%로 바꿔보자. 6억 원짜리 집을 4억 원짜리로 줄이고, 나머지 2억 원은 부채를 줄이는 데 쓴다. 당장 대차대조표상 부채 측면에서 3억 원이 1억 원으로 줄어든다. 집값이 내리더라도 중·소형의 하락폭은 상대적으로 작기 때문에 자본잠식 규모가 확 줄이든다. 손익계산서상 금융비용 측면에서도 3분의 2(약 2,000만 원)를 아낄 수 있다. 그만큼 다른 금융자산에 투자할 여력이 매월 200만 원씩 생기는 셈이다.

부동산 비중을 줄이고 금융상품으로 포트폴리오를 다변화하는

신 차장의 부동산 구조조정 시나리오			
2007년 11월		**2013년 11월**	
자산 4억 원	부채 1억 원	자산 3억 6,000만 원	부채 1억 원
	자본(자기자금) 3억 원		자본(자기자금) 2억 6,000만 원

것은 농구로 치면 '공격 리바운드'의 효과와 같다. 상대편에 대한 실점(대규모 부동산 투자 손실) 가능성을 줄이는 동시에 우리 편의 득점(금융상품 수익) 기회를 만드는 셈이다.

리바운드를 잡았다면 어떻게 공격하는 게 효과적일까.

매달 정기적금에 넣는 것도 한 방법이지만, 안전한 만큼 수익률은 만족스럽지 못할 수 있다. 지금처럼 물가상승률을 감안한 정기예금의 실질금리가 0%(제로)에 가까운 저금리 상황에선 안전하게 자산을 운용할 수 있는 고수익 금융상품을 잘 선택하는 게 중요하다. 그렇다면 주식 간접투자를 노려보자. 개별 주식에 대한 직접투자보다 상대적으로 손실 위험을 줄이면서 경우에 따라 꽤 높은 수익률을 기대할 수 있다.

:: 부동산의 대안 – ELS와 DLS, 알고 보면 쉽다

2013년 세법개정안에 따라 금융소득 종합과세가 4,000만 원에서 2,000만 원으로 인하됐다. 정기예금에 비해 '플러스알파'의 수익을 추구하면서도 이자의 소득시기를 분산해 절세할 수 있는 월지급식

주가연계증권ELS이나 파생결합증권DLS 투자에 관심을 가져볼 만하다. 상품의 기본적인 얼개를 파악하고 나면 투자가 그리 어렵지도 않다.

ELS란 주가지수를 연계로 고수익을 기대할 수 있는 상품이다. 기초자산을 개별 주식보다는 변동성이 작은 주가지수에 투자하면서 월지급 형식으로 가입하는 게 바람직하다.

월지급식 ELS는 매월 상품의 조건을 달성할 때 발생하는 이자소득으로 적립식 상품 등에 재투자해 추가 수익을 기대할 수 있다. 청산할 때 한꺼번에 이자소득이 발생하는 일반 ELS와 달리 연 단위로 소득이 정산돼 금융소득 종합과세 대상이 되는 위험도 줄일 수 있다.

기존에 판매된 주요 상품의 대표적인 유형은 코스피200지수, 홍콩 항셍 중국기업지수HSCEI, 미국 스탠더드앤드푸어스S&P500지수, 일본 닛케이225지수 등 국내외 주요 주가지수를 기초자산으로 삼아 3년 만기 안에 정해진 조건을 달성하면 연 6~8%의 수익을 매월 지급받는 식이다.

주식, 환율, 원자재 등 다양한 기초자산에 투자해 약정 수익을 추구하는 파생결합증권 DLS도 있다. 투자 상품에 따라 변동성이 큰 만큼 단순히 수익률만 보지 말고 기초자산과 달성 요건 등을 면밀히 분석하고 결정하거나 원금보장형 DLS를 선택하는 것도 방법이다.

최근에는 미국 부동산 경기의 빠른 회복과 함께 미국 부동산을

부동산 구조조정 후 예상되는 당기순이익	
매출액(부부합산 연소득)	+1억 1,000만 원
금융수익(월지급 ELS · DLS 연 2,400만 원)	+200만 원
금융비용(원리금 균등상환)	-1,200만 원
제세공과금비용(세금, 관리비, 공과금)	-2,000만 원
연구개발비용(두 자녀 교육비)	-2,400만 원
판매관리비용(생활비)	-1,800만 원
기타비용(양가 부모님 용돈)	-800만 원
당기순이익	3,000만 원

기초자산으로 하는 DLS나 실물투자의 대안으로 원자재 DLS의 인기가 높다. 금·은의 국제 시세나 북해산 브렌트유 등 국제유가, 양도성예금증서CD 등을 기초자산으로 삼아 보통 3년 만기 안에 이들 자산가격이 일정 조건을 만족하면 연 7% 안팎의 수익을 얻을 수 있다.

개선된 대차대조표를 바탕으로 금융상품 포트폴리오를 재구성해보면 손익계산서는 개선될 수 있다. ELS와 DLS에서 연 7%의 수익을 얻는 것으로 가정했다. 부채가 줄어드니 금융비용도 감소한다. 아파트 규모가 작아진 만큼 제세공과금비용도 아낀다.

잘만 이용하면 빚도 약 : 현명한 담보 · 신용대출 활용법

우리나라의 가계부채는 1,000조 원에 달한다. 가구당 6,000만 원

가까이 빚을 지고 있다는 통계조사 결과도 있다.

매달 '피 같은' 돈이 이자로 나가는 걸 생각하면 빚을 지지 않는 게 최선이랄 수 있겠으나, 어쩔 수 없이 빚을 내야 하는 상황은 직장인이라면 누구나 예외 없이 부딪힌다. 대표적인 것이 주택구입, 그리고 다급한 처지에서 필요한 비상자금 융통이다.

불가피한 상황이라면 자신의 소득이나 자산에 맞게 유리한 조건으로 빚을 내는 게 돈을 어떻게 불리느냐보다 훨씬 더 자산관리에 도움이 된다. 재테크만큼이나 빚테크가 중요한 이유다.

:: 주택담보대출, 코픽스부터 이해하자

가장 큰 목돈이 들어가는 주택구입에선 단연 은행의 주택담보대출이 요긴하다. 2금융권에 비해 금리가 낮고, 잘만 활용하면 금리감면 효과도 노릴 수 있기 때문이다. 원리금을 갚을 만한 소득이 있다면 주택이 담보로 제공되기 때문에 비교적 수월하게 내 집 마련 자금을 마련하는 수단이 된다.

어느 은행에서 대출 받을지를 고르기에 앞서 가장 신중하게 결정해야 하는 게 금리결정 방식이다. 과거엔 십중팔구 양도성예금증서 CD 연동 변동금리 대출을 받았다. 그러나 91일물 CD의 유통수익률에 따라 금리가 매달 바뀌는 CD 연동대출은 금리결정 방식이 불투명하고 실세금리를 제대로 반영하지 않아 점차 밀려나는 추세이다.

CD의 대안으로 만들어진 게 코픽스COFIX(은행자금조달비용지수)다. 코픽스는 은행이 예금과 채권 등으로 자금을 조달하는 데 드는 비

코픽스 추이		(단위: %, %p)
공시일	잔액기준 코픽스	신규취급기준 코픽스
2013-01-15	3.52	3.09
2013-02-15	3.45	2.99
2013-03-15	3.38	2.93
2013-04-15	3.32	2.85
2013-05-15	3.24	2.74
2013-06-15	3.17	2.66
2013-07-15	3.11	2.65
2013-08-15	3.06	2.63
2013-09-15	3.02	2.62
2013-10-15	2.99	2.63
2013-11-15	2.94	2.62
2013년 등락폭	-0.58	-0.47

용을 가중평균해 매달 고시된다.

은행의 자금조달 비용을 바탕으로 코픽스를 산출하고, 각 은행이 여기에 일정 수준의 가산금리를 붙여 최종 대출금리가 정해진다. 따라서 주택담보대출을 받으려고 적절한 타이밍을 재고 있다면 매달 15일 은행연합회 홈페이지(www.kfb.or.kr)에 고시되는 코픽스의 추이를 유심히 살펴보는 것도 도움이 된다.

코픽스는 크게 신규취급기준 코픽스와 잔액기준 코픽스로 나뉜다. 신규취급기준 코픽스는 매월 은행의 신규 자금조달 비용을 따져 시중금리의 변화를 민감하게 반영한다. 잔액기준 코픽스는 신규 자금조달을 포함해 현재 은행이 보유한 모든 자금의 조달 비용을 따지므로 금리 변동폭이 완만하다. 대출받을 때 어떤 코픽스를 고르는지는 전적으로 자신의 몫이다. 다만, 2013년 코픽스가 계속 하락하는 동안 잔액기준 코픽스의 하락폭이 상대적으로 더 크다는 점을 주목할 필요가 있다. 저금리 기조가 오랜 기간 이어진 결과다.

최근 코픽스의 하락폭이 줄어들면서 반등할 가능성이 조심스럽게 점쳐지고 있다. 미국 연방준비제도Fed가 조만간 양적완화를 축소하는, 즉 시중에 풀어놓은 유동성을 거둬들이는 테이퍼링tapering (자산매입축소)에 나선다는 관측이 미국의 채권금리를 끌어올렸기 때문이다. 미국의 금리상승은 국내 금리상승으로 이어진다. 바야흐로 금리상승기에 접어드려는 것일까. 만약 그렇다고 판단한다면, 지금이 저리로 대출받을 적기일 수도 있다.

:: 변동형? 고정형? 갈등되면 혼합형

주택담보대출을 받기로 했다면 금리구조, 만기, 상환방식을 선택해야 한다. 이 중에서 가장 중요한 게 금리구조다. 순간의 선택이 원리금 상환 부담에 엄청난 차이를 가져오는 만큼 신중에 신중을 거듭해야 한다.

지금까지 우리나라 주택담보대출은 변동금리 방식의 대출이 대부분이었다. CD나 코픽스 등 등락과 연동해 대출금리가 일정 기간에 한 번씩 달라지는 방식이다. 변동금리 방식을 선호하는 이유는 우리나라의 금리가 장기적으로 우하향 곡선을 그리고 있기 때문이다. 특히 2008년 글로벌 금융위기 이후 은행의 주택담보대출 금리는 5%를 넘은 일이 거의 없다. 이 기간 물가상승률을 고려하면 매우 낮은 비용으로 대출을 얻을 수 있게 된 셈이다. 그러나 경제의 불확실성이 커지면서 변동금리 일변도의 금리선택 트렌드에 조금씩 변화가 생기고 있다. 정부의 지도로 고정금리 방식의 대출이 늘어나는 것이다.

고정금리 방식은 변동금리보다 대체로 높은 편이나, 금리가 고정적이기 때문에 급격한 금리변동에 시달릴 필요가 없다. 그만큼 장기적인 재무계획을 세우는 데도 유용하다. 과거 주택담보대출의 고정금리 대출의 비중은 10%에 못 미쳤으나, 2013년 10월 말 기준으로 17%를 넘었다. 정부는 오는 2016년까지 이 비중을 30%로 끌어올릴 계획이다.

언뜻 보면 변동금리 대출이 저금리 기조의 혜택을 볼 수 있지만, 금리가 어떻게 바뀔지 모르는 만큼 반드시 변동금리 대출이 유리하다고 단정하기도 어렵다. 오히려 고정금리 비중을 끌어올리려는 정부의 암묵적인 지도에 따라 은행들이 고정금리 쪽에 더 유리하게 금리를 책정할 개연성도 있다. 현재까지 결과만 놓고 보면 변동금리 대출자의 '판정승'이지만, 언제라도 변동금리와 고정금리의 승패는 뒤바뀔 수 있다.

뭐가 유리할지 선뜻 고르기 어렵다면 다른 옵션이 있다. 혼합금리 방식이다. 일단 단기적으로 고정금리 방식에 따라 금리변동 위험을 고정시켜놓고, 나중에 변동금리 방식으로 갈아타는 것이다. 고

은행별 주택담보대출 상품

은행	상품	금리 및 만기	상품특징
국민은행	KB코픽스연동 모기지론 (변동형)	- 금리 최저 4.58%(코픽스 신규취급 기준) - 일시상환 1~5년, 분할상환 1~30년	- 분할상환대출에 우대금리 최고 1.0% 적용 - 일시상환대출에 우대금리 최고 0.7% 적용
우리은행	우리아파트론 변동형	금리 최저 3.12%(코픽스신규취급 기준) - 최장 35년	- 급여·연금이체 0.1~0.2% 감면 - 제세공과금 또는 관리비 자동이체 0.1% 감면 - 3개월 내 신용카드 결제 50만 원 이상 0.1% 감면
신한은행	금리안전모기지론 (혼합형)	금리 4.2%(5년 적용)+이후 잔액코픽스 연동	- 만기까지 고정금리를 적용 (기본형)하거나 - 5년/7년간 고정금리 적용 후 변동금리로 전환
기업은행	IBK주택담보대출 (변동형)	금리 최저 3.90%(1억 원, 만기 1년 기준) - 1~35년	- 비거치식·분할상환은 금리 0.7% 감면 - 매년 대출금 20% 상환시 중도상환수수료 감면
외환은행	Yes안심전환형모기지론 (혼합형)	금리 최저 3.83% - 최장 30년	- 3년/5년/7년간 고정금리 선택 가능 - 고정금리 이후에는 시중금리 연동 변동금리로 전환

(자료 : 2013년, 각 금융사 제공)

정금리 적용 기간이 끝났을 때 아무래도 고정금리로 계속 가는 게 유리할 것 같으면 변동금리 전환을 포기할 수도 있다. 요즘 은행들은 대부분 변동금리·고정금리 대출뿐 아니라 이런 혼합형 상품도 판매하고 있다. 고정금리 적용 기간은 3~7년 사이에서 선택할 수 있다.

:: 주택담보대출, LTV·DTI 정도는 알고 은행에 가라

주택담보대출을 받을 때 반드시 염두에 둬야 하는 게 있다. 바로 대출한도다.

아무리 좋은 조건에 돈을 빌릴 수 있어도 대출할 수 있는 한도가 적다면 빚을 내 집을 사는 게 어려워지기 때문이다. 우리나라는 LTV_{Loan To Value ratio}(담보인정비율)와 DTI_{Debt To Income ratio}(총부채상환비율) 등 두 가지 규제로 대출한도를 억제하고 있다. 돈을 벌어 빚을 갚을 수 있는 능력(소득)과 최악의 상황에 집을 팔아서 빚을 갚을 수 있는 한도(담보가치)를 정해둔 것이다.

요즘 은행에 주택담보대출을 받으러 가면 심사 과정에서 LTV와 DTI를 계산해 대출한도를 산출해준다. 하지만 은행에 가기 전에 미리 자신의 대출한도가 얼마인지 알아두는 게 내 집 마련 계획과 이에 필요한 재무계획을 세우는 데 요긴하다.

먼저 체크해야 하는 게 LTV다. 담보가치, 즉 집값을 평가해 집값의 일정 수준까지만 대출할 수 있게 한 제도다. LTV는 수도권과 비非수도권에 차등 적용된다.

아파트를 기준으로 수도권은 대출기간이 10년 이하면 50%, 대출기간이 10년을 넘으면 6억 원 이하 아파트가 60%, 6억 원 초과 아파트는 50%다. 비수도권의 아파트는 무조건 60%가 적용된다. 다만 연립·다세대나 일반주택은 대출기간이 3년 이하면 50%, 3년 초과면 60%다.

이 때 중요한 게 전세를 끼고 사느냐 여부다. 세입자의 임차보증

지역	대출기간	담보조사가격	물건구분		
			아파트	연립다세대	기타
수도권	3년 이하	-	50%	50%	50%
	3년 초과~10년 이내	-		60%	60%
	10년 초과	6억 원 이하	60%		
		6억 원 초과	50%		
기타	3년 이하	-	60%	50%	50%
	3년 초과	-		60%	60%

LTV(담보인정비율. 담보대상 물건의 대출비율)

※ LTV=(주택담보대출금액+선순위채권+임차보증금과 최우선변제 소액임차보증금/담보가치)X100

금이 LTV 산정에 포함되기 때문이다. 주택담보대출액, 임차보증금, 기타 선순위채권을 더해 담보가치로 나눈 LTV가 50%라면 6억 원 짜리 아파트는 3억 원까지 빌릴 수 있다. 만약 임차보증금 2억 원을 낀다면 1억 원만 대출받을 수 있다.

DTI도 LTV 못지않게 중요한 요소다. DTI는 대출자의 원리금상환 부담을 연소득으로 나눈 값이다. 이때 원리금상환 부담에는 주택담보대출뿐 아니라 다른 부채의 이자상환도 포함된다. DTI 역시 지역별로 차등 적용된다. 수도권 아파트는 서울은 50%, 경기·인천은 60%다. 아파트가 아니거나 수도권이 아니라면 DTI는 무조건 60%가 적용된다.

추가로 고려할 요소가 있다. 대출 유형에 따라 DTI가 가산 또는 감면된다는 점이다. 고정금리 대출은 5%포인트, 분할상환 방식 대

DTI(총부채상환비율. 연간소득으로 부채원금과 이자를 상환할 수 있는 비율)				
지역	물건구분		총부채상환비율	
			기본 DTI	DTI 가산 및 감면
수도권	아파트	서울	50%	고정금리＋5%p 분할상환＋5%p 또는 ＋10%p 신용등급＋5%p 또는 -5%p 신고소득 -5%p

※ DTI=(해당 주택담보대출의 연간 원리금 상환액＋ 기타부채의 연간이자상환액)/ 연소득) X 100

출은 5~10%포인트가 올라간다. 신용등급에 따라 5%포인트가 더해지거나 깎인다.

예를 들어 연간 5,000만 원을 벌면서 서울 노원구에 평가금액 기준 5억 원짜리 아파트를 산다고 해보자. 대출기간 20년에 원리금 균등분할상환, 연 5% 고정금리로 대출하면서 다른 대출이 없다면 LTV는 60%(수도권 소재 6억 원 이하 아파트 장기대출)를 적용해 최대 3억 원(5억 원의 60%)까지 빌릴 수 있다.

DTI를 따져보면 연간 원리금을 2,400만 원(원리금 균등상환) 갚아야 하는데 연소득은 5,000만 원이므로 DTI는 48%로 규제 한도를 벗어나지 않는다. 결론적으로 3억 원을 모두 빌릴 수 있다.

그러나 같은 조건이라도 대출기간을 10년으로 줄이면 얘기가 달라진다. LTV가 50%로 낮아져 대출 가능 금액이 2억 5,000만 원으로 줄어든다. 게다가 DTI는 연간 원리금 3,800만 원을 갚아야 해 연소득 대비 76.4%가 된다. DTI 규제를 초과하는 것이다. 따라서 원리금 상환액을 2,500만 원으로 낮춰야 하며, 원리금 상환액을 기준으로 다시 대출 가능금액을 계산하면 약 2억 원으로 줄어든다.

:: 아는 사람만 찾아먹는, 신용대출 '금리인하권' 활용

살다보면 주택담보대출 외에도 대출이 필요할 때가 생기게 마련이다. 갑작스러운 의료비 지출, 자녀의 유학자금 또는 대학등록금 마련, 퇴직 후 창업을 준비할 때 필요한 자금 등 단기간에 자금을 빌려 써야 하는 경우가 적지 않다. 주택담보대출을 받으려고 하는데 LTV와 DTI 규제로 대출 한도가 낮을 때 신용대출을 활용하는 이도 많다.

이 때 유용한 게 은행의 신용대출이다. 신용대출은 말 그대로 대출자의 신용도만 보고 돈을 빌려주는 것이다. 담보를 잡거나 보증을 요구하지 않는다. 그 대신 담보대출보다 금리가 조금 높고, 대출 기간이 짧고, 대출 한도도 낮다. 일반적으로 은행 신용대출은 일정한 급여소득이 있는 직장인이나 고소득을 올리는 전문직 종사자 등 대출 대상이 제한된다. 한도는 5,000만 원에서 1억 5,000만 원이다. 은행에 따라 한도가 다른 만큼 신용대출을 받기 전에 비교해보는 게 좋다.

신용대출을 빌고 나서 반드시 염두에 둬야 하는 게 '금리인하 요구권'이다. 이는 소득이 늘거나 신용등급이 올랐으니 은행에 대출 금리를 낮춰달라고 요구할 수 있는 권리다. 원래 취지대로면 은행이 알아서 금리를 조정해줘야 하지만, '우는 아이 떡 하나 더 준다'는 속담이 여기에도 적용된다. 월급이 인상됐거나 무료 신용등급 조

은행별 신용대출			
은행	상품	금리 및 만기	한도 및 상품특징
국민은행	직장인신용대출	- 최저 5.41% - 일시상환 1년 - 분할상환 1~5년	- 최대 1억 5,000만 원 - 신용카드 사용시 0.3% 할인 - 급여이체시 0.3% 할인 - 거래실적따라 0.3% 할인
우리은행	iTouch 직장인 우대 신용대출	- 4.21~6.31% - 1년	- 최대 1억 원 - 인터넷으로 신청 · 실행 - 기업체 1년 이상 재직, 연소득 3,000만 원 이상
신한은행	엘리트론	- 5.25~6.65% - 1~5년	- 최대 1억 원 - 상환방식 자유롭게 선택 가능

하나은행	패밀리론	- 3.85~5.34%
		- 일시상환 1년
		- 분할상환 5년 이
		  내
			- 최대 1억 5,000만 원
			- 아파트관리비 이체, 급여 이체,자동이체 등
			  으로 최고 0.9% 할인

기업은행	파워신용대출	- 최저 5.13% - 1년	- 최대 5,000만 원 - 전문직, 직장인, 거래우수자 우대 - 급여이체 금액 소득 인정
외환은행	리더스론	- 최저 4.83% - 1년	- 최대 1억 5,000만 원 - 무보증무담보로연소득의 1.8배까지 대출

(자료 : 2013년. 각 금융사 제공)

회 사이트(한국이지론 등)에서 자신의 신용등급이 올랐다면 지체 없이 은행에 금리인하를 요구하는 게 좋다.

2013년에 은행들은 5만 3,012명에게 대출금리 2,129억 원을 깎아줬다. 특히 최근에는 '금융소비자 보호'를 강조하는 정부의 방침에 따라 웬만하면 은행들이 금리인하 요구를 수용하는 추세라는 점을 명심해야 한다. 나 혼자 넋 놓고 앉아 은행의 순이익을 늘려줄 필요는 전혀 없다.

빠를수록 좋은 3가지 :
자장면 배달, LTE, 그리고 은퇴준비!

우리나라에서 빠르면 빠를수록 좋은 게 3가지가 있다. 첫째는 자장면 배달, 둘째는 LTE(롱텀에볼루션) 속도, 셋째가 바로 은퇴준비다.

흔히 은퇴준비는 은퇴를 앞둔 50대부터 고민하면 되는 문제로 여기기 쉽다. 그러나 단언컨대, 50대는 너무 늦다. 40대도 결코 이르지 않다. 은퇴준비의 적기는 사회생활을 막 시작했을 때, 즉 30대부터다.

안타깝게도 우리나라는 선진국처럼 정부가 노후생활을 보장해주지 못한다. 극소수의 자산가를 제외하면 대다수 직장인은 은퇴 후 소득이 끊기고, 심각한 노인빈곤 문제의 한 가운데로 들어서게 될 가능성이 다분하다. 30년간 벌어놓은 돈으로 70년간 써야 하는 '100세 시대'가 도래했기 때문이다.

:: '호모 헌드레드'의 숙명, 연금으로 월 200만 원 받기

"오래 살고 볼 일이다", 흔히 하는 말이다. 그런데 정말 얼마나 살아야 오래 살았다고 할 수 있을까?

국제연합UN의 '세계인구 고령화 보고서'에 따르면 호모사피엔스에서 출발한 인류는 평균수명 100세가 눈앞에 있는 호모헌드레드 Homo-Hundred로 진화했다. 그러나 장수長壽는 마냥 축복일 수 없다.

우리나라의 평균수명은 2011년 81.2세로 세계 톱클래스다. 평균수명이 62세이던 1970년보다 20년 더 살게 된 셈이다. 기대수명 90세를 넘어 100세까지 사는 노인이 더는 뉴스거리가 되지 않는 날이 올 것으로 확실시된다.

1970년대만 해도 50대 은퇴자는 70세를 전후해 사망하거나 그렇지 않더라도 사회적으로 고령자나 노인 등 약자로 대접받았기 때문에 다시 노동(일) 현장에 나간다는 건 상상도 하지 못했다. 하지만 앞으로는 은퇴 후 30~40년 긴 세월을 살아야 한다. 아니, 버텨야 한다.

은퇴 이후를 준비하는 데 있어 반드시 지켜야 할 원칙이 있다. 바로 기본 생계비만큼은 죽을 때까지 끊이지 않고 나올 수 있는 연금으로 준비하는 것이다.

은퇴자금을 모두 목돈으로 들고 있으면 여러 가지 문제에 직면할 수 있다. 저금리 상황에서 자금운용이 어려운데다 자녀의 결혼자금과 사업자금 등으로 한꺼번에 소진될 가능성이 있다. 잘못된 투자나 창업의 위험 등에도 노출될 우려가 크다.

그렇다면 연금은 매달 얼마씩 받아야 할까. 한국은행에 따르면 우리나라 가구의 표준 생계비 지출은 매달 192만 원이다. 최소 7억 원 안팎(매달 200만 원, 연간 2,400만 원씩 30년)의 연금을 목표로 준비하는 게 안락한 노후를 보장하는 셈이다.

:: 연금은 '5층 보장'으로 준비하라

연금은 기본적으로 '3층 보장', 여기에 주택연금과 의료비 보장을 포함한 '5층 보장'으로 준비해야 한다.

기본 구성인 1층은 국민연금, 공무원연금 같은 공적연금이다. 2층은 퇴직연금, 3층은 개인연금이다. 1~3층에서 한 층이라도 어긋나면 월 200만 원의 연금 수령은 어려워진다.

우선 1층 보장인 국민연금은 가입자가 최소 10년 이상 납부해야 연금수령이 가능하다. 국민연금은 소득 재분배의 기능이 있다. 저소득자에게 혜택이 크다는 뜻이다. 따라서 가입을 유지하는 게 좋다. 국민연금 고갈 우려가 크지만 국가가 운영하는 사회보험이므로 일단 불신을 접고 전략을 세워보자.

여기서 추가로 고려할 것이 박근혜 정부 들어 화두로 떠오른 기초연금이다. 최초 공약보다 다소 후퇴하기는 했지만 2014년 7월 시행을 목표로 소득하위 70%의 노인에게 매달 20만 원씩의 기초연금을 주기로 했다. 기초연금은 국민연금 가입기간과 연계해 지급할 예정이다. 국민연금 가입기간이 11년 이하이면 20만 원의 기초연금을 모두 받을 수 있다. 하지만, 가입기간이 12년을 넘으면 조금씩 감액돼 가입기간 20년 이상이 되면 10만 원으로 줄어든다.

국민연금 같은 공적연금은 최소 가입기간인 10년 이상을 납부해야 하니 노령연금 개시 연령 전까지 납입을 미쳐야 한다. 일부 기간이 부족하면 임의 계속가입으로 기간을 채우면 된다. 전업주부는 임의가입을 통해 중위 소득에 해당하는 8만 9,100원 정도만 납부해서 10년 이상의 가입기간을 채우면 노령연금을 받을 수 있다. 개인연금보다는 수익률이 높을 것으로 예상되므로 전업주부도 여유가

연금 5층 보장 설계		
5층	의료비보장	민영 의료실비보험(특약형, 단독형)으로 의료비 지출보전
4층	주택연금	1가구 1주택 9억 원 이하 집을 담보로 주택연금 신청
3층	개인연금	세제적격 연금저축(연 400만 원 소득공제)＋수익금 비과세 세제 비적격 연금보험.
2층	퇴직연금	퇴직급여보장법 개정에 따라 개인퇴직연금(IRP) 준비. 퇴직금 중간정산은 웬만하면 지양.
1층	공적연금	국민연금 10년 이상 납부, 전업주부도 월 8만 9,100원 납부가 바람직

은퇴 후 연금으로 월 200만 원 받으려면?		
4층 (개인연금)	투자수익률 연 3%로 30년간 불입한다고 가정	월 80만~90만 원 불입하면 60세에 5억 원 마련
1~3층 적립시 부족자금	1층 국민연금(월 60만 원)과 3층 주택연금(월 50만 원)으로 월 110만 원, 연간 1,310만 원, 2층 퇴직연금으로 일시금 2억 원 수령해도 5억 원 부족.	
3층 (주택연금)	3억 원 상당 주택으로 종신지급, 연 3%의 증액형 주택연금 신청	60세부터 월 50만 원, 연 600만 원 수령
2층 (퇴직연금. 현재 직장인 절반 가입)	확정급여형(DB)으로 수익률은 3%로 가정	일시금 기준으로 퇴직(60세) 때 2억 원 수령
1층 (국민연금)	2013~2042년 30년 불입(본인 4.5%, 회사 4.5%, 총 9%)	65세부터 월 60만 원 수령(국민연금 수령액이 갈수록 줄어드는 점 고려해 80%로 산정)

※ 은퇴 후 필요자금 7억 원 내외(매달 200만 원, 연간 2,400만 원씩 총 30년)
※ 월 급여 300만 원을 받는 30세 직장인. 물가상승률 연 3% 가정

된다면 임의가입을 추천한다.

:: 30대부터 시작하는 2·3층 증축

저출산 고령화로 미래의 공적연금 수령액은 현재 예시되는 금액

보다 더 줄어들 가능성이 농후하다. 그러므로 2층 보장인 퇴직연금과 3층 보장인 개인연금이 반드시 필요하다. 2층과 3층은 30대부터 쌓기 시작하는 게 바람직하다. 퇴직금은 중간정산을 피하는 게 좋다. 반드시 은퇴 후 연금으로 나올 수 있도록 남겨두자.

퇴직연금은 최근 근로자 퇴직급여보장법이 개정돼 새로 나온 개인퇴직연금IRP을 고려해볼 수 있다. IRP는 연간 1,200만 원까지 추가 납입이 가능하고 이직 시 퇴직금을 바로 사용하지 않고 개인 퇴직 전용통장으로 활용할 수 있다.

이자소득세와 퇴직소득세 등에서 세제 혜택도 받는다. 분산투자 측면에서도 원금보장형 상품, 비보장형 상품 등이 있어 안정성과 수익성을 동시에 추구할 수 있다.

정부가 주관하는 1층, 회사가 해주는 2층에 견줘 3층은 전적으로 개인 스스로 선택하고 준비해야 한다. 이 때문에 3층 보장이야말로 노후 생활수준을 결정하는 요소라고도 한다. 누구나 일정수준 이상 비슷하게 받는 공적연금·퇴직연금과 달리 개인연금은 어떻게 준비하느냐에 따라 결과가 천지차이기 때문이다.

일단 세제적격 연금저축상품부터 들어놓자. 세제적격 상품은 언발성산 때 연간 400만 원의 소득공제를 받아 세금을 환급받을 수 있다. 연금을 받을 때는 연금계좌(퇴직연금+연금저축)의 연금수령액 연간 1,200만 원 이내에서 3~5%의 저율 분리과세 혜택이 적용된다.

납입 여력이 더 있다면 '세제비적격' 상품인 비과세 연금보험(저축

세제적격 연금저축상품		
	월보험료와 납입기간 등	참고사항
IBK연금보험 '무배당 IBK행복플러 스연금보험'	- 5년납 : 20만~100만 원 - 7년납 및 10년납 이상: 10만 ~100만 원	- 최저보증이율 : 10년 이내 2.5%, 10년 이후 1.5% - 지급방식 : 10년, 20년, 30년, 100세 등
알리안츠생명 '연금저축 나이스플 랜연금보험'	- 11만~100만 원 - 10년납, 15년납, 20년납, 전 기납	- 최저보증이율 : 15년 이내 2.0%, 15년 이후 1.0% - 지급방식 : 5~20년 확정형, 동일금액 평생수령 정액형, 장수할수록 연금액 많 아지는 체증형
교보생명 '연금저축 교보연금 보험'	- 5만~100만 원 - 5년납, 7년납, 10년납, 15년 납, 전기납	- 최저보증이율 : 10년 이내 2.0%, 10년 이후 1.5% - 지급방식 : 5~30년 확정형, 생존기간 동일금액 수령 종신형
한화생명 '연금저축 하이드림 연금보험'	운용이익을 배당금으로 주는 유 배당 상품-3년 뒤부터 보험료의 0.2~1.2%를 적립금에 가산	최저보증이율 : 5년 이내 2.5%, 5~10년 2.0%, 10년 이후 1.5%
흥국생명 '연금저축 뉴그린필 드연금Ⅱ보험'	- 5만~100만 원 - 5년납, 7년납, 10년납 이상	- 최저보증이율: 10년 이내 2.5%, 10년 이후 1.5% - 지급방식 : 10~30년 및 100세 보증지 급형, 생존기간 동일금액 수령 종신형

(자료 : 2013년. 각 금융사 제공)

성 보험)에 가입한다. 비과세 연금보험은 주식 같은 투자상품으로 운
용되는 변액연금과 공시이율로 운용되는 일반연금보험이 있다. 변
액보험은 투자수익률에 따라 높은 수익을 기대할 수 있지만, 원금
손실의 위험도 있다. 연금보험은 월납 5년 이상으로 가입해서 10년
이상 유지하면 금액에 제한 없이 나중에 보험금을 받을 때 비과세
된다.

현재 보험사 공시이율도 4% 수준으로 은행 적금보다 높은 편이
다. 특히 생명보험사의 보험상품은 종신형 연금지급의 기준이 되는

비과세 연금보험		
	월보험료와 납입기간 등	참고사항

하나생명
'무배당 넘버원
더블리치 저축보험'
	- 30만~100만 원
	- 3년, 5년, 7년, 전기납. 만기는
	  10년
		- 최저보증이율 3.5%
		- 만기 때 종신연금형, 확정형, 상속연금
		  형, 부부연금형으로 전환 가능

한화생명 '변액유니버셜 적립보험 Ⅱ'	20만 원 이상 펀드 운용실적에 따라 수익금이 달라지는 변액보험	- 연금보험으로 전환 가능 - 사망시 사망보장 보험금 지급 - 성인병진단특약, 암진단특약, 수술보증 특약 제공
신한생명 'VIP웰스저축보험'	- 최대 300만 원 - 5년, 7년, 10년, 15년, 20년납	- 최저보증이율 2.5% - 30만 원 초과 납입금에 대해 1.5%까지 보험료에 추가 적립

교보생명
'더드림 무배당 교보
변액연금보험'
	- 펀드 운용실적에 따라 수익금이
	  달라지는 변액보험
	- 매월 실적배당금 지급
		- 가입 10년 이후 펀드운용보수 환급해
		  적립금에 재투자
		- 연금지급 시기 변경 가능

알리안츠생명
'무배당 알리안츠저
축보험'
	- 적립형 : 20만~2,000만 원
	- 거치형 : 1,000만 원 이상 3년,
	  5년, 7년, 10년, 15년납
		- 연공시이율과 월공시이율중 유리한 이
		  율 선택해 가입
		- 100만 원 초과 납입금은 보험료의
		  2.0% 할인

(자료 : 2013년. 각 금융사 제공)

'경험생명표'의 적용을 연금수령 시점이 아닌 가입 시점으로 적용하므로 더 유리하다.

:: 추가 노후대비 방법, 역모기지와 실손보험

1~3층 연금으로도 부족하다면 주택금융공사의 '역모기지론'을 활용해 연금 수령액을 높일 수 있다. 역모기지론은 현재 살고 있는 집을 담보로 맡기고 연금을 받는 주택연금제도다. 60세 이상 노인

가구를 대상으로 1가구 1주택 9억 원 이하의 주택보유가구에 한해 실시된다. 본인 보유 주택에 평생 거주하면서 연금을 받을 수 있는 장점이 있다.

이 제도는 보유주택을 담보로 연금을 지급하다가 부부가 모두 사망하면 주택을 처분해 정산한다. 남는 금액은 상속인에게 반환하지만, 부족한 부분은 상속인에게 청구하지 않는다.

노후에는 갑작스런 질병이나 부상, 치매와 같이 장기요양을 필요로 하는 질환이 발생할 확률이 높아진다. 이에 대한 대비도 미리 해두는 게 좋다. 건강보험공단은 건강보험상한제를 도입해 중증 질환으로 6개월간 건강보험의 본인부담액이 300만 원을 초과하면 초과 금액은 건보공단이 부담해줘 개인의 의료비 부담을 완화시켜주고 있다.

문제는 여기서 '3대 비급여'인 선택진료비, 병실료차액, 간병비와 건강보험이 적용되지 않는 '전액본인부담진료'가 제외된다는 점이다. 실제로 중증 질환에 걸리면 이런 3대 비급여 항목으로 인한 지출이 상당히 늘어날 수 있다. 이에 대한 대비책으로 민영 의료실비보험(실손의료보험)에 가입하는 것도 좋은 방법이다. 보험에 가입할 때는 이런 비급여 항목의 보장범위를 살피는 게 필수지만, 보험사들의 경쟁으로 보장범위는 대부분 비슷한 만큼 보험료가 낮은 회사의 상품을 따져보는 것도 괜찮다. 기존 실손보험은 다른 손해보험 상품에 특약 형태로 끼워 팔았으나, 최근에는 금융당국의 지도에 따라 1만~2만 원에 실손보험만 가입할 수 있는 단독 상품도 출시됐다.

단독 상품의 보험료는 생명보험협회(www.klia.or.kr)와 손해보험협회(www.knia.or.kr) 홈페이지에 공시돼 있다.

저금리 시대를 이기는 틈새 재테크

재테크 정보가 홍수를 이루는 시대다. 저금리 시대라는 혹한의 계절이기에 더욱 그렇다. 금융상품의 기대수익률이 낮아지다보니 단 0.1%라도 수익률을 높일 수 있는 방법에 목마르기 때문이다.

:: 투자처가 애매한 단기자금 운용법

재테크 춘추전국시대는 부동산 불패신화의 붕괴에서 비롯했다. 일반 예·적금에 넣어두자니 수익률이 불만스럽고, 주식이나 파생상품에 투자하자니 원금손실 우려가 크다. 보험상품은 긴 호흡으로 투자해야 하는 게 부담이다. 그래서인지 투자처를 찾지 못하고 떠도는 단기 부동자금은 갈수록 늘어나 700조~800조 원에 이른다는 분석도 있다.

그렇다고 마냥 돈을 장롱에 넣어두는 것만큼 어리석은 행동도 없다. 언제든지 투자할 수 있도록 유동성을 높이면서 수익도 챙길 수 있는 단기자금 운용법이 매우 중요해졌다.

대표적인 단기자금 운용은 크게 회전예금, 특정금전신탁, 시장금

은행별 단기 운용상품	
신한은행 TOPS 회전정기예금	- 회전식 예금. 금리 2.38% - 회전기간 : 1,2,3,4,6,12개월 - 한 도 : 300만 원 이상 - 선택한 회전기간에 따라 실세금리로 복리운용
기업은행 ABCP 특정금전신탁	- 보수적인투자운용으로AA+이상의고수익상품에 투자 - 수익률 연 3.8%~4.1% - 기간 : 80일~360일 - 가입금액 1,000만 원 이상
농협은행 왈츠회전예금Ⅱ	- 회전식 예금. 금리 2.15~2.60%. - 회전기간 : 1,2,3,4,5,6,7,8,9,10,11,12개월 - 한도 : 300만 원 이상 - 기간별 약정이율＋최대 0.3%p 우대금리 - 계약기간 내 연속 3차례 넘게 회전시 0.1%p 우대
하나은행 MMDA형 정기예금	- 금리 : 3백만 원 이상에 연 2.7% - 만기 : 1년 - 조건 : 최저 가입 금액 300만 원 - 가입기간 중 만기해지 포함 총 3회 분할인출 가능
우리은행 고단백 MMDA	- 금리 : 1.7~2.0% - 만기 : 제한없음 - 조건 : 없음 - 3개월 이하 정기예금 수준의 금리 제공. 수시입출금 가능

(자료 : 2013년. 각 금융사 제공)

리부 수시입출예금MMDA 등으로 볼 수 있다.

회전예금은 정기예금에 오랜기간 돈이 묶이는 게 꺼려지는 경우 가입하면 톡톡히 재미를 볼 수 있다. 회전기간을 자유롭게 고를 수 있는데 당연히 회전주기가 길면 금리가 높고, 주기가 짧으면 금리가 낮다. 회전주기가 짧을수록 재투자 여부를 선택하는 시기가 앞당겨져 신속하게 포트폴리오를 조정할 수 있다는 장점이 있다.

특정금전신탁은 최근의 '동양증권 기업어음CP 사태'로 위험성이 부각되긴 했지만, 여전히 유용한 단기자금 운용 방법이다. 동양 사태는 동양그룹 계열사의 부실한 자산담보부기업어음ABCP을 '폭탄 돌리기'한 끝에 터졌다. 그러나 시중은행이나 우량 증권사에서 판매하는 특정금전신탁은 상대적으로 위험이 작은 회사의 기업어음에 단기간 투자하고 빠질 수 있다.

그래도 특정금전신탁이 불안하다면 MMDA를 고려해볼 수 있다. 일반적으로 MMDA의 금리는 대단히 낮은 편이지만, 은행권 일부 상품 중에는 2% 안팎의 금리를 주는 MMDA도 있다. 하나은행의 'MMDA형 정기예금'처럼 사실상 정기예금처럼 운용하되 만기 전 분할 인출이 가능한 경우 금리가 비교적 높다. 우리은행 '고단백 MMDA'는 수시입출식 예금인데도 3개월짜리 정기예금과 비슷한 수준의 금리를 주면서 언제든 현금화할 수 있다.

:: '백화점 세일' 같은 특판상품

은행의 '특판상품'은 쇼핑족의 희소식인 '백화점 세일'과 비슷하다.

특판상품은 은행이 예금가입 실적을 올리려는 판촉행사, 또는 고객 사은행사로 단기간에 선착순 판매하는 경우가 많다. 은행들이 2013년 10월 '저축의 날' 50주년을 기념해 일제히 내놓은 저축의 날 특판상품이 대표적이다. 이 밖에 각 은행이 후원하는 스포츠 스타의 성적에 따라 우대금리를 주는 특판상품, 제휴를 맺은 드라마나 영화의 시청률(관객 수)에 비례해 우대금리를 주는 특판상품도 있다.

특판은 아니지만 특정 상품에 우대금리를 주는 '특별우대상품'도 눈여겨볼 필요가 있다. 대신 우대금리에는 일정 조건이 붙는다.

시중은행 특판상품의 유형	
농협은행 더나은미래 적금·예금 (특별우대)	- 적금 : 카드·펀드·증권계열사 거래실적에 따라 최고 0.9%p 우대금리 - 예금 : 계열사 거래실적과 은행 최초 거래여부에 따라 최고 0.5%p 우대금리
국민은행 가족사랑 자유적금 (특별우대)	- 국민은행에 가족이 고객으로 등록된 경우, 적금 목표금액을 달 성할 경우, 신용카드 사용액이 저축금액보다 많을 경우 등에 최고 0.65%p 우대금리
우리은행 시네마 정기예금 변호인'	- 100만 원 이상 가입, 기본금리 연 2.60% - 관객 100만 명 돌파시 0.05%p, 200만 명 돌파시 0.10%p, 300만 명 돌파시 0.15%p 우대금리
신한은행 북21 지식적금 (특별우대)	- 100만 원 한도, 1년 만기, 기본금리 연 2.90% - 출판그룹 ㈜북이십일'과 제휴·운영하는 '모바일 지식서재' 출 석 5회당 0.1%p씩 최대 0.4%p 우대금리

(자료 : 2013년. 각 금융사 제공)

특판상품이 정기 세일이라면, 특별우대상품은 상설할인매장인 셈이다.

최근 출시된 상품을 중심으로 특판상품과 특별우대상품을 예로 들어보자. 특판상품은 가입 기간이 지나거나 한도가 꽉 차면 상품을 팔지 않는다. 그러나 판매 호응이 좋으면 추가 상품을 '속편'으로 내놓는 경우도 많으니 여윳돈이 있다면 출시를 기다려 봄직하다. 새로 나올 특판상품도 이런 유형에서 크게 벗어나지 않으므로 참고해두자.

:: 스마트폰으로 즐기는 '카페라떼 효과'

최근 은행을 통한 재테크에서 새로 나타난 트렌드가 스마트폰 전용상품이다. 스마트폰 전용상품의 매력은 크게 두 가지. 일단 은행

창구에서 가입하지 않아도 돼 번거롭지 않다. 가입 절차도 훨씬 단순하다. 은행으로서도 인건비를 아끼는 대신 고객에게 우대금리를 더 줄 수 있다. 특히 도입 초기단계인 스마트폰 뱅킹 시장에서 우위를 차지하려는 은행들은 앞다퉈 스마트폰 재테크 상품을 내놓고 있다.

최근 은행권의 스마트폰 상품 중 눈길을 끄는 건 기업은행의 '흔들어' 시리즈와 국민은행의 'Smart★폰 적금'이다. 스마트폰의 만보기 앱과 결합한 '흔들어' 예금은 가입자의 건강생활을 유도하면서 재미를 더해 우대금리를 주는 상품으로 인기를 끌고 있다. 기본금리 연 2.45%에 최대 0.55%의 우대금리를 붙여 1년 만기 연 3%의 금리를 받을 수 있도록 설계됐다. 흔들어 적금은 기업은행 앱으로 가입해 3차례 이상 적금을 추가 납입하면 0.2%, 주변 사람들과 무리지어 가입하면 30명 이상 공동가입에 0.6%의 우대금리를 준다. 1년 만기 기본금리는 연 2.35%지만, 우대금리를 받으면 금리가 연 3.15%로 뛴다.

국민은행의 Smart★폰 적금은 '카페라떼 효과'를 활용한 게 주목을 받고 있다. 요즘 카페라떼 한 잔은 5,000원 안팎이다. 점심식사후, 또는 오후 시간에 한 잔씩 즐기는 카페라떼 대신 하루 5,000원씩 아끼면 맞벌이 부부 기준으로 은퇴할 때쯤 2억 원을 모을 수 있다는 게 카페라떼 효과다.

이 상품은 커피 한 잔을 참고 앱의 '커피' 아이콘을 누르면 5,000원이 적금으로 이체된다. 이런 아이콘은 커피를 비롯해 외식,

은행별 스마트폰 전용상품	
외환은행 'YES큰기쁨예금'	- 스마트폰으로 가입하면 우대금리(1년제 연 2.7%, 2년제 연 2.8%) - 100만 원 이상 가입
기업은행 '흔들어예금'	- 스마트폰 '만보기' 앱을 활용해 걸음수에 따라 우대 - 스마트폰으로 가입에 0.2%p, 만보기 기록따라 3만보는 0.1%p, 5만보는 0.2%p 우대금리
기업은행 '흔들어적금'	- 그룹지어 가입시 10명 0.1%p~30명 0.6%p 우대금리 - 스마트폰 앱으로 3회 이상 추가 납입에 0.2%p 우대금리

국민은행
'Smart★폰 적금'
	- SNS로 추천해 가입하면 추천인과 피추천인 모두에게 0.1%p
	  우대금리, 추천수에 따라 최고 0.3%p까지 제공
	- 스마트폰 '농장육성 게임'을 적용, 우대금리가 늘수록 농장이
	  풍성해짐

(자료 : 2013년. 각 금융사 제공)

택시, 술 등 20가지다. 아이콘 적립이 10회 이상이면 0.1%, 20회 이
상이면 0.2%의 우대금리를 받는다.

원재훈, ≪월급전쟁≫, 리더스북, 2012

박유연, 손일선, 문지웅, ≪월급의 비밀≫, 카르페디엠, 2011

이동근, 곽순달, ≪연봉제의 원리≫, 도서출판 BG북갤러리, 2008

나승우, 김정순, ≪연봉제 인사평가와 운영실무≫, 미래와경영, 2004

공공운수노조준비위 법률지원센터, 〈연봉제−성과급제 관련 쟁점 해설〉, 2011

경제개혁연구소, 〈한국 기업의 성장과 쇠락에 관한 특성 연구〉, 2013

한국고용정보원, 〈연봉 높은 직업 베스트 20〉, 2013

한국은행, 〈학력과 전문성에 따른 임금격차 분석〉, 2013

고용노동부, 〈2012년 기업체 노동비용〉, 2013

한국경영자총협회, 〈2012년 임금조정 실태조사〉, 2013

대한변호사협회, 〈한국 변호사백서 2010〉, 2010

한겨레신문, 〈이동걸 칼럼〉, 2013. 9. 30

당신의 능력과 성과를 속이는

연봉의 비밀

1판 1쇄 인쇄 | 2014년 1월 5일
1판 2쇄 발행 | 2014년 2월 24일

지은이 윤선희
펴낸이 김기옥

프로젝트 디렉터 기획1팀 모민원, 권오준
영업 박진모
팅팅지원 고평현, 이봉구, 김형식, 임민진

디자인 네오북
인쇄 서정문화인쇄 | 제본 서정바인텍

펴낸곳 한스미디어(한즈미디어(주))
주소 121-839 서울시 마포구 양화로 11길 13(서교동, 강원빌딩 5층)
전화 02-707-0337 | 팩스 02-707-0198 | 홈페이지 www.hansmedia.com
출판신고번호 제 313-2003-227호 | 신고일자 2003년 6월 25일

ISBN 978-89-5975-581-3 13320

《연봉의 비밀》 특별선물

No1. 연봉정보 사이트
페이오픈 무료이용권 사용법

협찬 (주)페이오픈(http://www.payopen.co.kr)

한스미디어

No1. 연봉정보 사이트 페이오픈 무료이용권

서비스 이용기간 : 2013.12.20 ~ 2014.03.31.

CB45-CDFC-4DD3-9732

※ 본 쿠폰은 《연봉의 비밀》 발간 기념으로 제공되는 쿠폰이며, 기간이 지나면 사용하실 수 없습니다.

※ 아이디 1개당 1개의 쿠폰만 등록 가능하며, 중복으로 사용될 수 없습니다.

※ 쿠폰은 현금으로 교환될 수 없으며, 쿠폰 등록에 이상이 있을 경우 페이오픈으로 문의해 주십시오.

※ 쿠폰문의 : payopen@payopen.co.kr

[무료이용권 사용법]

① 페이오픈 사이트(http://www.payopen.co.kr)에 접속합니다.

② 왼쪽 상단의 로그인 창에서 [회원가입] 항목을 선택한 후 안내에 따라 [개인회원]으로 가입합니다. 이때 [개인 프리미엄 회원가입]이 아닌 [회원가입]으로 가입하세요.

③ 개인회원 가입시 등록한 메일주소로 인증메일을 받게 되는데, 인증메일에 안내된 순서대로 회원가입 및 쿠폰을 등록하면 24시간 동안 페이오픈의 연봉관련 자료를 무료로 이용할 수 있습니다.

국내 최고의 연봉정보 사이트

페이오픈 소개

㈜페이오픈(대표 허헌)은 국내 최초로 연봉정보 서비스를 제공해온 포털로 2000년에 오픈했습니다. 13년간 회원들이 직접 입력한 실제 연봉 데이터만을 축적하였으며, 현재 40만여 건의 연봉정보가 등록되어 있습니다. 회원들이 입력한 연봉 정보는 페이오픈만의 연봉 검수시스템을 통해 비정상적인 정보는 걸러져 제공됩니다. 이처럼 페이오픈의 정보는 정제된 실제 연봉 데이터를 기

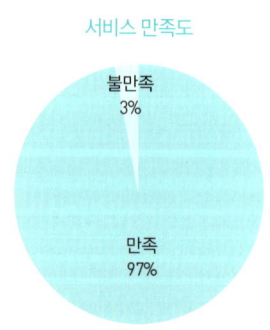

서비스 만족도

불만족
3%

만족
97%

반으로 서비스되고 있어 타사에 비해 신뢰도가 높다는 평가를 받고 있습니다. 이용자의 97%가 제공된 연봉 검색결과에 만족한다는 통계가 이를 증명하고 있습니다.

　인사고과 및 연봉협상 시즌이 되면 각 회사의 인사담당자들이 페이오픈의 연봉정보 서비스를 이용하고 있습니다. 기업회원들에게는 각종 분석리포트와 데이터 맞춤 다운로드 서비스 등이 추가로 제공됩니다. 현재 1000대 그룹 중 30%가 페이오픈 서비스를 이용하고 있으며, 유료서비스의 재이용률 또한 70%에 이릅니다.

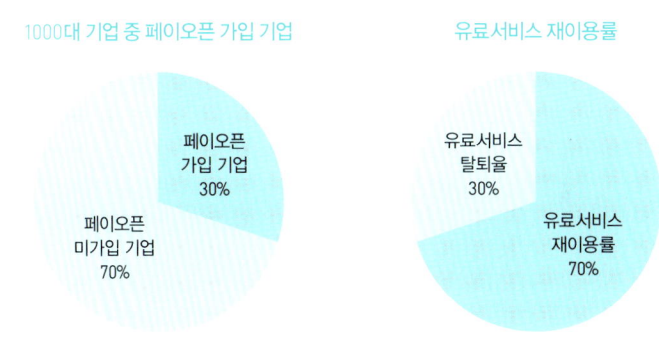

페이오픈의 서비스는 일반회원에게도 열려 있습니다. 직장인이라면 누구나 궁금해 할 연봉정보는 검색을 통해 확인 가능합니다. 최근부터 10년간의 자체조사 및 분석자료와 40만여 건의 연봉자료를 기반으로 경력, 직급, 학력, 나이별 통계추이를 제공하며, 이러한 통계를 바탕으로 자신의 연봉 위치를 확인할 수 있습니다. 또한 보유하고 있는 연봉정보를 토대로 한주간 연봉관련 이슈를 정리하고, 업·직종별 연봉통계자료를 작년과 올해로 비교 분석한 주간연봉 분석리포트가 제공됩니다. 이는 매주 화요일 새로운 내용으로 업데이트됩니다.

　이외에도 기업평판, 복리후생, 면접후기 등이 서비스되고 있습니다. 페이오픈에 등록된 모든 정보는 실제 그 회사를 다니고 있는 직장인들이 작성한 내용으로, 첫 직장을 준비하는 신입과 이직을 생각하고 있는 직장인들에게 큰 도움이 될 것입니다. 더불어 상·하반기 취업 준비생들에게 도움을 주고자 30대 기업의 연봉정보를 분석하여 취업시즌에 맞추어 제공할 예정입니다.

　페이오픈의 연봉정보는 독자 여러분이 이 책을 보고 있는 시간에도 업데이트되고 있습니다. 2014년을 새로운 도약의 해로 맞이하는 페이오픈의 새로운 도전은 현재 진행중입니다.

《연봉의 비밀》 특별선물

한스미디어 | 서울특별시 마포구 양화로 11길 13 (서교동, 강원빌딩5층) | 대표전화 02-707-0337 | 홈페이지 www.hansmedia.com